브리스길라의 일기

브리스길라의 눈으로 본
바울의 3차 전도여행 두 번째 이야기

진 에드워즈

생명의말씀사

THE PRISCILLA DIARY
by Gene Edwards

Copyright ⓒ 2001 by Gene Edwards
Korean edition ⓒ 2007, 2019 by Word of Life Press
with permission of Tyndale House Publishers, Inc.
through the arrangement of KCBS Literary Agency, Seoul, Korea.
All rights reserved.

본 저작물의 한국어판 저작권은 KCBS Literary Agency를 통하여
Tyndale House Publishers, Inc.와 독점 계약한 생명의말씀사에 있습니다.
신저작권법에 의하여 한국 내에서 보호 받는 저작물이므로 무단 전재와 무단 복제를 금합니다.

브리스길라의 일기
(구제 : 이야기 로마서)

ⓒ 생명의말씀사 2007, 2019

2007년 11월 9일 1판 1쇄 발행
2017년 8월 17일   6쇄 발행
2019년 6월 14일 2판 1쇄 발행
2025년 1월 22일   3쇄 발행

펴낸이 ㅣ 김창영
펴낸곳 ㅣ 생명의말씀사

등록 ㅣ 1962. 1. 10. No.300-1962-1
주소 ㅣ 서울시 종로구 경희궁1길 6 (03176)
전화 ㅣ 02)738-6555(본사)・02)3159-7979(영업)
팩스 ㅣ 02)739-3824(본사)・080-022-8585(영업)

기획편집 ㅣ 구자섭
디자인 ㅣ 조현진, 윤보람
인쇄 ㅣ 영진문원
제본 ㅣ 보경문화사

ISBN 978-89-04-16671-8 (04230)
ISBN 978-89-04-70050-9 (세트)

저작권자의 허락없이 이 책의 일부 또는 전체를
무단 복제, 전재, 발췌하면 저작권법에 의해 처벌을 받습니다.

브리스길라의 일기
The Priscilla Diary

목차

프롤로그 · 6

1부 에베소에서 빌립보까지의 험난한 여정

1   에베소에서 소요사태가 일어나다 · 12
2   에베소를 떠나 빌립보로 가기로 하다 · 23
3   빌립보로 출발하다 · 28
4   드로아에 들어서기 직전, 난파를 당하다 · 32
5   드로아에서 기쁨의 재회를 하다 · 42
6   편지를 위한 준비 · 49
7   고린도 교회에 두 번째 편지를 쓰다 (1) · 58
8   세상의 중심, 로마에 대하여 · 66
9   고린도 교회에 두 번째 편지를 쓰다 (2) · 80
10 고린도 교회에 두 번째 편지를 쓰다 (3) · 92

2부 고린도에서 가이사랴까지의 고된 여정

11 브리스길라와 아굴라 로마로 떠나다 · 118
12 달마디아를 거쳐 고린도로 향하다 · 125
13 고린도에 도착하다 · 127
14 고린도 에클레시아 · 139
15 로마에 보내는 편지 (1) · 146

16	로마에 보내는 편지 (2) · 152
17	로마에 보내는 편지 (3) · 159
18	로마에 보내는 편지 (4) · 171
19	로마에 보내는 편지 (5) · 178
20	브리스길라와 뵈뵈 · 181
21	고린도에서 드로아로 떠나다 · 185
22	드로아를 거쳐 가이사랴로 향하다 · 191

3부 예루살렘에서 로마로의 압송

23	가이사랴에서 예루살렘으로 오르다 · 204
24	예루살렘에서 · 220
25	예루살렘 성전으로 들어가다 · 222
26	예루살렘에서 체포되다 · 229
27	공회가 소집되다 · 232
28	가이사랴 벨릭스 총독에게 압송되다 · 237
29	베스도 총독과 아그립바 왕 앞에 서다 · 249
30	가이사랴에서 로마로 압송되다 · 259
31	험난한 항해의 시작 · 270

에필로그 · 276

프롤로그

   방금, 디모데가 죽었다는 소식을 들었다. 이제 열둘 가운데 요한만 남았다. 나(브리스길라)도 바울과 그의 동역자들을 보살피면서 함께 나이를 먹었다. 그 사이 그들은 하나씩 세상을 떠났다.
   바울은 로마에서 최후를 맞았고, 바나바는 그가 그토록 사랑하던 구브로(Cyprus)에서 세상을 떠났다. 실라는 헬라(그리스)의 로도(Rodes)라는 섬에서 로마인의 칼에 맞아 주님 품으로 갔다.
   또한 바울이 에베소에서 훈련시킨 여덟 형제 가운데 아리스다고가 가장 먼저 죽었고, 세군도는 소바더처럼 네로의 손에 죽었고, 디도는 그레데(Crete)섬에서 충성스럽게 주님을 섬기다가 십자가에 달려 죽었다. 사랑하는 디모데는 지금 에베소에 있는데 그의 생명도 끝나가고 있다. 여덟 가운데 이제 가이오만 살아 있다.
   당신은 실라가 들려준(『실라의 일기』에서 소개한) 바울과 바나바의 1차 전도여행 이야기를 들었을 것이다. 그 이후 바울은 2차 전도여행을 떠났고 에베소에서는 여덟 형제를 훈련시켰다.
   얼마 후, 디모데에게서 편지가 왔다. 에베소에서 소요가 일어난 때부

터 시작해서 이야기를 계속해 달라는 것이었다. 이것은 결코 쉬운 일이 아니다. 그러나 이제 디모데는 죽었고, 나는 그의 요청을 따르려 한다.

바울의 달마디아 여행, 예루살렘에서 일어난 소요, 바울이 가이사랴에서 투옥된 사건, 로마로 가려했던 바울의 노력 등, 해야 할 이야기가 정말 너무 많다. 짧은 시간에 너무나 많은 일이 일어났다.

내가 아굴라와 함께 고린도에서 처음 바울을 만났을 때, 나는 20대 초반이었다. 그러나 지금은 나도 꽤 늙어버렸다. 온통 놀라운 일로 가득했던 그때를 되돌아보니, 마치 어제 일처럼 선명하기만 하다.

나는 지금부터 당신에게 에베소 소요 이후에 일어났던 모든 일들을 이야기하고 싶다. 바울은 이 소요 때문에 급하게 에베소를 떠나야 했다. 그는 3년간 에베소에 머물면서 한 개의 교회와 여덟 명의 젊은 일꾼들을 세웠다. 이 여덟 명의 형제들이 참으로 놀라운 일꾼이 되었다는 사실을 꼭 짚고 넘어가야겠다. 우선 에베소에서 일어난 소요에 대해서 이야기를 시작해야겠다. 소요가 일어나자 온갖 비극이 여기저기서 벌어졌는데, 그 소요는 마치 코미디처럼 순식간에 끝나버렸다!

에베소 원형 극장

1부

에베소에서
빌립보까지의
험난한 여정

1
에베소에서 소요사태가 일어나다

  2만 4천 명이 에베소 거리를 질주하면서, "메갈레 헤 아데미스 에베시안"(Megale he Artemis Ephesian)이라고 목청껏 외치는 광경을 결코 잊지 못할 것 같다. 이것은 5백년 에베소 역사에서 가장 큰 소요였고, 모든 게 바울과 연관이 있었다.

  바울은 정말 여러 차례 어려움을 겪었다. 그러나 그해 봄, 에베소에서 겪은 이 어려움이 가장 혹독했을 것이다.

  나는 이런 질문을 자주 받는다.

  "소요가 일어났을 때, 자매님도 거기 계셨나요?"

  물론 나도 그곳에 있었다. 그러나 나는 여자였기 때문에 원형 경기장에는 들어가지 못했다. 그래서 2만 명이 넘는 사람들이 내가 알지 못하는 것에 관해, 그리고 그들 자신도 알지 못하는 것에 관해 어리석게 외치는 모습을 직접 보지는 못했다.

소요는 아데미 체전(Games of Artemis) 기간에 일어났다. 2년마다 열리는 아데미 체전은 수십 개 민족들이 한데 모여 시합을 하는데, 이것을 보기 위해 제국 각지에서 사람들이 몰려든다.

소요가 어떻게 시작되었는지 정확히 아는 사람은 없다. 단지 어느 이른 아침, 경기가 시작될 무렵 은세공품 조합원들이 원형 극장 근처에 모여들었다. 집회를 주도한 사람은 소아시아 최대의 은세공품 판매상인 데메드리오였는데 집회 분위기가 꽤 험악했다. 열두 달 동안 은으로 만든 우상이 제대로 팔리지 않았기 때문이다.

수백 명의 마술사들이 마술과 관련된 책을 시장에서 공개적으로 불태워버린 일이 있은 후, 방문객들뿐 아니라 에베소 사람들까지도 이들이 만든 우상을 예전만큼 사지 않았다. 결국, 우상 판매는 격감했다. 평범한 에베소 시민들뿐 아니라 지역의 마술사들이 미신에 등을 돌린 것이다. 이 모두가 바울 때문이었다.

사람들이 시장에서 바울에게 마술에 대해 물을 때마다 바울은 마술을 꾸짖었다. 그리고 에베소의 모든 마술사를 꾸짖었다. 바울은 "마술사는 사기꾼입니다"라고 외쳤고 사람들은 그의 말을 들었다. 사실 모두가 말은 하지 않았으나 마술이 사기라는 것을 이미 마음속으로 알고 있었다. 그러나 사람들은 마술사들을 사기꾼으로 생각하면서도 그들을 의지하곤 했다.

이제 경기가 시작되었다. 우상 판매가 계속해서 신통치 않을 것인가? 이것이 은세공인 조합의 가장 큰 관심사였다.

하지만 왜 소요가 일어났는가?

경기가 시작되는 날이면 수많은 사람들이 아데미 신전에서 북쪽 성문을 향해 행진하는 전통이 있다. 행렬은 마블 스트리트를 지나 성으로 들어간다. 마블 스트리트는 원형 극장 아래쪽에서 언덕을 향해 뻗어 있고 중간쯤에 시청이 있다. 행렬이 다시 마그네시아 문을 통해 성을 빠져나가면 시가행진은 끝난다.

조합원들은 도시 한가운데 있는 시장 거리에 자리 잡은 원형 경기장으로 통하는 입구 주변에서 집회를 열고 있었다.

조합원들은 점점 난폭해지고 있었다. 데메드리오가 이들을 선동하고 있기 때문이었다.

"여러분, 여러분도 아시다시피 우리는 이 사업으로 소득이 꽤 좋았습니다. 그런데 여러분도 보고 들은 대로, 바울이라는 놈이 에베소뿐만 아니라 아시아의 거의 모든 지방에서 사람이 만든 신은 신이 아니라고 말하고 다니고 있습니다. 그는 수많은 사람들을 설득하여 그들의 마음을 돌려놓았습니다. 이러다가는 우리 사업이 명성을 잃게 될 위험이 있습니다. 뿐만 아니라 사람들이 위대한 아데미 여신의 신전을 우습게 여길 위험도 있습니다. 그렇게 되면 아시아와 온 세계의 모든 사람들이 섬기는 아데미 여신의 위엄이 땅에 떨어질 것입니다."

연설이 끝나자, 흥분한 은세공인들은 "에베소의 아데미는 위대하다!"를 외치며 거리를 행진했다. 아주 우습게도 구경꾼 중 몇몇은 이것이 극장에서 시합의 시작을 알리는 신호라고 생각하여 행진에 동참해 함께 구호를 외치면서 원형 극장으로 들어갔다. 그러나 은세공인들의 의도는 그런 게 아니었다. 어떤 사람이 외쳤다.

"그 놈을 잡으러 갑시다! 잡기 어렵지 않을 겁니다. 그 놈은 항상 시장이나 두란노 서원에 있습니다."

조합원들 가운데 몇몇이 거리로 뛰쳐나가면서 소리쳤다.

"다소의 바울아 어디 있느냐?"

그러자 혼란이 일어나기 시작했다. 어떤 사람들은 은세공인들이 강도를 뒤쫓고 있다고 생각했고, 어떤 사람들은 도시의 어른들이 극장에서 특별 집회를 한다고 생각했다. 이러한 집회는 늘 "에베소의 아데미는 위대하다"라는 구호로 시작했기 때문이다.

시끄러운 소리에 시장 사람들이 호기심에 끌려 행렬을 따라 원형극장으로 들어갔다. 눈에 보이는 것이라곤 극장으로 달려 들어가는 사람들뿐이었다. 극장에 들어서자 구호가 더 커졌다.

바울을 찾아 두란노 서원으로 달라간 사람들이 발견한 것은 티라누스뿐이었다. 그는 아침 강의를 하고 있었다. 내용은 플라톤의 가르침이었다. 그러나 바울을 찾는 사람들의 노력이 완전히 허사로 돌아간 것은 아니었다. 이들은 더베의 가이오와 데살로니가의 아리스다고를 발견했다. 그리고 이 둘을 이 거리 저 거리로 끌고 다니다가 마침내 원형극장으로 향했다.

이제 시장 사람들은 뭔가 특별한 일이 일어나고 있다는 것을 알았다. "에베소의 아데미는 위대하다"라는 구호 소리를 듣고 두 남자가 이리

저리 끌려 다니는 것을 본 사람들은 호기심이 커졌다. 누가 이런 호기심을 막을 수 있었겠는가? 가이오가 큰 소리로 항변했으나 그럴수록 사람들의 호기심은 커질 뿐이었다.

곧 시장에 모인 사람들 모두가 아무 이유도 모른 채 구호를 외치기 시작했다. 구호 소리는 성 밖에까지 퍼져나갔다. 사람들이 점점 많아졌다. 마침내 사람들은 아리스다고와 가이오를 극장 안으로 끌고 들어가 무대에 올려놓았다. 가이오는 발을 구르며 소리를 질렀으나 사람들은 그를 번쩍 들어 무대에 올렸다.

"아데미 여신의 원수들이다!"

누군가 소리쳤다. 그러자 구호 소리는 더욱 커졌다. 이것이 신호탄이 되어 거의 모든 에베소 사람들이 시내 한 가운데로 몰려들었다.

극장에 들어간 사람들은 너나 할 것 없이 구호를 외쳤다. 대부분의 사람들이 미소를 짓고 있었다. 이유야 어쨌든 가이오는 상당한 볼거리를 제공하고 있었다.

이 무렵 극장은 아직도 건축 중이었으며, 공사가 끝난 것은 예루살렘이 멸망되던 해였다. 극장 공사를 하고 있던 노예들은 공포에 질렸다.

원형 극장은 소리가 잘 전달되도록 설계되어 있었다. 그래서 사람들이 외치는 구호 소리는 온 성 안뿐 아니라 성 밖까지 울려 퍼졌다. 이즘 사람들은 가게 문을 닫고 있었고, 농부들은 들에서 집으로 돌아오고 있었으며, 원형 극장으로 몰려간 사람들로 인해 시장은 텅 비어 있었다. 집들도 비기 시작했다. 멀리 항구에 있던 사람들까지 구호를 외치면서 원형 극장으로 달려가고 있었다.

정말 대단한 광경이고 대단한 소리였다. 여자들과 아이들은 이 소란이 도대체 뭐냐고 물었지만 아무도 분명하게 대답해 줄 수 없었다. 대부분의 사람들이 확실히 알고 있는 것이라고는 사람들이 여신의 이름을 소리 높여 외치고 있다는 것뿐이었다. (완공되지도 않은 원형 극장이 이런 소요로 가득 찬 것은 이번이 처음이었다.)

그런데 소요는 빠르게 희극처럼 바뀌고 있었다. 디모데는 이 모든 일이 바울과 연관이 있다는 것을 알고 이렇게 중얼거렸다.

"안 돼! 군중이라니! 바울이 사람들이 모였다는 소리를 들으면 틀림없이 그들에게 전하려 할 텐데…."

디모데는 이렇게 중얼거리면서 서둘러 세군도를 찾으러 나갔다. (나머지 형제들은 자신들이 최근에 에베소 근처의 마을과 도시에 세운 교회들에서 말씀을 전하고 있었다.)

디모데는 세군도를 발견했다.

"세군도 형제님, 소요가 일어났습니다. 극장에 엄청나게 많은 사람들이 모여 있습니다. 어서 바울 형제님을 찾아야 합니다. 혹시 바울 형제님을 찾거든 반드시 붙잡아 두세요. 극장 근처에는 절대로 못 가게 해야 합니다. 아, 그리고 다른 사람들에게도 도움을 청해 주세요."

세군도는 디모데의 말이 무슨 뜻인지 이해하고 곧바로 항구로 달려갔다. 바울이 거기 있을지 모른다는 말을 들었기 때문이었다.

디모데의 부탁으로, 곧 수십 명의 형제들이 바울이 어디 있는지 아는 사람을 찾아 온 거리를 샅샅이 뒤지고 있었다. 사람들은 마침내 항구에서 바울을 찾았다. 바울은 시내에서 소요가 일어나고 있는 것에 전혀 개의치 않았다. 다른 많은 사람들처럼, 바울도 이 모든 소란이 아데미 체전 때문이라고 생각했던 것이다.

바울은 가이오와 아리스다고가 원형 극장에 끌려들어갔고, 엄청난 군중이 모였으며, 자신이 이러한 소요의 중심에 있다는 사실을 알게 되자 극장으로 직접 들어가 사람들에게 외치려 했다. 역시 바울다운 결정이었다. 그런 바울을 막은 것은 나의 사랑하는 남편 아굴라였다. 아굴라는 매우 조용한 사람이다. 아굴라는 거의 자기 의견을 말하지 않기 때문에 어쩌다 그가 말할 때는 사람들이 귀를 기울여 듣는다. 바울도 그의 말이라면 귀 기울여 들었다. 아굴라가 바울 앞으로 걸어나가 그의 눈을 보며 말했다.

"형제님, 극장에는 못 들어가십니다."

그 한마디뿐이었다.

바울은 긴장했으나 곧바로 긴장을 풀었다. 그러나 그는 한마디 대꾸도 하지 않았다. 다른 사람들과 마찬가지로, 바울도 아굴라가 이렇게 강하게 나오면 자신이라도 그의 말을 들어야 한다는 것을 알고 있었다.

그러는 동안 유대 회당에서는 또 다른 일이 벌어지고 있었다.

유대 지도자 가운데 하나인 알렉산더는 사람들이 극장에 가득 모여 아데미 여신을 향해 충성의 구호를 외치고 있으며, 바울이 이러한 소요의 원인이라는 이야기를 들었다. 알렉산더는 극장으로 달려가 사람들에게 연설을 하기로 결심했다. 에베소 사람들에게 이곳의 유대인들, 특히 회당의 유대인들은 바울의 추종자가 아니라는 것을 알려야겠다고 생각했기 때문이었다. 알렉산더는 지금이 바울이 별난 유대인이자 배교자라는 것을 에베소의 모든 사람들에게 알릴 가장 좋은 기회라고 생각했다. 그러나 그는 시기를 잘못 판단했다.

알렉산더는 극장에 들어서자마자 무대로 올라가 한 손을 높이 들고 조용히 해달라는 표시를 했다. 군중은 폭발했다! 사람들은 그의 차림새에서 그가 히브리인이라는 것을 곧 눈치챘다. 그들이 알기로 히브리인들은 아데미를 섬기지 않았다. 그러자 구호는 더 큰 천둥소리로 변했다. 이것을 본 알렉산더와 일행은 당황하여 황급히 물러났지만 구호는 그칠 줄 몰랐다.

나는 그때 극장 바로 밖에서 가이오와 아리스다고의 소식을 기다리고 있었다. 말 그대로 땅이 흔들리는 것 같았다. 사랑하는 두 형제의 생명이 걱정되어 견딜 수가 없었다. 마침내 소요가 시장의 귀에까지 들어갔다. 그때 그는 신전에 있었다. 시장은 예정에 없던 집회가 무엇에 대한 것인지 알아보도록 사람을 보내놓고 있었다. 그러나 사람들의 목소리가 천둥처럼 커지자 소식이 오기만을 기다릴 수는 없었다.

시장은 도대체 왜 이런 소요가 일어났는지 궁금해 견딜 수 없었다. 극장에 도착한 그는 잠시 걸음을 멈추고 심호흡을 하더니 무대로 올라갔다. 사람들은 시장을 즉시 알아봤고 그를 향해 환호성을 올렸다. 그가 한 손을 들어 올리자 이내 사람들이 조용해졌다.

"이 소요가 로마인들의 귀에 들어간다면 무장한 로마군이 에베소에 몰려들 것입니다. 그러면 우리는 모두 자유를 빼앗기고 말 것입니다."

이 사건을 되돌아보면, 시장이 바울의 친구였다는 게 정말 다행이었다. 누가는 극장에서 전 과정을 다 지켜보고 있었다. 그리고 나중에 시장의 연설을 이렇게 기록했다.

마침내 시장이 나와 군중들을 진정시키고 이렇게 말하였다.
"에베소 시민 여러분, 우리 도시가 위대한 여신 아데미의 신전과 하늘에서 내려온 신상의 수호자가 된 것은 모든 사람이 다 아는 일이 아닙니까? 이것은 부정할 수 없는 사실입니다. 그러므로 여러분은 진정하고 경솔하게 행동하지 마십시오. 여러분이 끌고 온 이 사람들은 신전의 물건을 훔치지도 않았고 우리 여신을 모독하지도 않았습니다. 그러므로 데메드리오와 또 함께 온 직공 여러분이 고소할 사람이 있으면 재판할 날도 있고 총독들도 있으니 거기에 가서 고소하도록 하고 그 밖에 다른 문제가 있으면 합법적인 모임에서 해결짓도록 하십시오. 아무 이유도 없는 오늘의 이 소란 때문에 우리가 로마 정부로부터 문책당할 위험이 있습니다. 그렇게 된다면 이 불법 집회에 대하여 우리는 변명할 말이 없을 것입니다."

연설을 마친 시장이 사람들을 해산하기 시작했다. 극장은 순식간에 거의 텅 비었다.
"두 사람, 도와주지 않아도 집으로 돌아갈 수 있겠소?"
시장이 아리스다고와 가이오에게 물었다.
"힘들 것 같습니다."

가이오가 바울이 빌립보에서 매를 맞고 감옥에 갇힌 후에 취했던 행동을 흉내 내며 말했다.

"두 사람의 상태가 어떻든 간에 걸을 수만 있다면 어서 이곳을 떠나시오!"

아리스다고가 가이오에게 속삭였다.

"빨리 떠납시다. 형제님은 로마 시민도 아니잖아요! 제가 보기에는 형제님이 사과를 받아낼 수 있을 것 같지 않습니다."

찢기고 피를 흘리며 심한 상처를 입은 가이오는 절뚝거리며 간신히 우리 집으로 돌아왔다.

한편, 바울은 자신이 곧 에베소를 떠나야 한다는 것을 본능적으로 알았다. 그날 밤, 에베소의 모든 신자들이 바울의 마지막 설교를 듣고 그에게 작별 인사를 하기 위해 한곳에 모였다.

2
에베소를 떠나 빌립보로 가기로 하다

"며칠 내로 에베소를 떠날 계획을 이미 세워두었습니다. 목적지는 고린도입니다. 고린도에서 오순절을 보낼 계획이었습니다. 고린도의 성도들에게는 이미 편지로 제 계획을 알렸습니다. 아데미 체전이 제게 기회의 문을 활짝 열어주지 않았다면, 저는 이미 고린도로 떠났을 것입니다. 이것이 제가 출발을 늦춘 이유 가운데 하나입니다. 여러분도 알다시피, 저는 출발이 늦어지자 제 대신 디도를 고린도에 보냈습니다. 그런데 오늘 일어난 소요 때문에 제 계획이 다시 바뀌었습니다. 아무래도 제가 아데미 체전 동안 이곳에 있으면 안 될 것 같습니다."

모두가 웃었다.

"주님이 형제님의 처음 계획을 더 좋아하시나 봅니다." 누군가가 말했다.

"제 생각에도 그런 것 같습니다." 바울이 그의 말에 동의했다.

"제 요점은 이렇습니다. 저는 지금 떠나야 합니다. 늦어도 며칠 내로는 떠날 것입니다. 그래서 오늘 아침 항구에 나가 드로아로 가는 배를 알아보았습니다. 며칠 후, 고린도에서 돌아오는 디도를 드로아에서 만나기로 했기 때문입니다.

바라건대, 디도가 고린도 교회에서 좋은 소식을 가져오면 좋겠습니다. 제가 전에 고린도에 보낸 편지는 아주 강렬한 것이었습니다. 그래서 지금쯤, 고린도 교회의 위기가 줄었든지 아니면 더 심해졌을 것입니다.

최소한, 디도에게서 소식만이라도 듣고 싶은 마음이 간절합니다. 어쨌든 저로서는 고린도에서 좋은 소식이 들려오길 바랄 뿐입니다."

(나는 그때 바울의 눈가에 이슬이 맺혔던 것을 아직도 기억한다.)

"여러분은 고린도의 헬라인들을 전혀 모를 것입니다. 그들은 에베소 사람들과 달리 친절하지도 않고, 조용하지도 않으며, 평화를 사랑하는 사람들도 아닙니다!"

여기저기서 웃음소리가 들려왔다.

웃음이 진정된 후, 바울은 하던 말을 계속했다.

"디도 형제와 제가 드로아에서 만나지 못하면 헬라의 빌립보에서 만나기로 했습니다. 디도를 만난 다음 다시 여러분에게 돌아오겠습니다!"

이 말에 모두 박수를 치고 환호성을 올렸다.

"제가 여러분에게 돌아올 때쯤이면, 이 도시 사람들 대부분이 다소의 바울과 그 친구들을 잊을지도 모르겠습니다."

"아뇨! 저희는 절대로 당신들을 잊지 않을 것입니다." 가이오가 신음하듯 말했다.

"저는 여덟 명의 젊은 형제를 예루살렘에 데려가겠다고 약속했습니다. 그러므로 제가 다시 돌아오면, 우리는 가이사랴에서 배를 타고 이스라엘로 가서 예루살렘에 들어갈 것입니다."

바울은 이렇게 말한 후, 잠시 침묵을 지켰다.

"마지막으로 한 가지만 더 말씀드리겠습니다. 바로 지금, 이방 교회들에서 몇몇 형제와 자매들이 고향을 떠나 로마로 향하고 있습니다… 제가 요청했기 때문입니다. 저는 그들 모두에게 곧바로 로마로 가지 말고 빌립보에 모여 함께 가라고 했습니다."

"바울 형제님, 몇 명이나 됩니까?"

"40명 정도 될 겁니다. 우리는 빌립보에서 만나기로 했습니다."

여기저기서 질문이 쏟아졌다. 그리고 다음 순간 모든 눈이 나와 남편 아굴라에게 향했다.

"브리스길라 자매님!" 바울이 나를 향해 말했다.

"자매님의 계획을 우리에게 말해 주시지요. 자매님이 로마에 들어갈 계획을 어떻게 세우고 있는지 여러 형제자매들에게 말씀해 주세요."

나는 이렇게 대답했다.

"아굴라와 에배네도와 저도 며칠 내로 에베소를 떠나 빌립보로 갈 계획입니다. 그리고 거기서 우리 세 사람은 로마로 갈 것입니다. 제 생각에 40명의 이방인 신자들이 모두 빌립보에 도착하려면 세 달은 더 있어야 할 것 같습니다. 하지만 우리 세 사람은 빌립보에 며칠 정도만 머물 계획입니다. 제가 다른 사람들보다 먼저 로마에 도착해야 하기 때문입니다."

"제 아내인 브리스길라 자매가 먼저 로마에 가서 새 집으로 가 제국 전역에서 오는 40명의 열정적인 이방인 신자들을 맞을 준비를 할 것입니다." 아굴라가 말했다.

"제가 산 집은 손볼 데가 거의 없습니다." 내가 설명을 덧붙였다.

"지금쯤이면 로마의 제 친구들이 저희를 대신해서 그 집을 꾸미고 있을 것입니다. 저희가 많은 손님을 맞기 위해 따로 특별히 준비할 것은 없을 것 같습니다. 다만 40명이 넘게 오길 바랄 뿐입니다!"

"사랑하는 에베소의 형제자매 여러분!" 바울이 입을 열었다.

"저는 내일 누가를 비롯해 일곱 형제와 함께 드로아로 떠납니다. 그리고 며칠 후, 브리스길라 자매와 아굴라 형제 그리고 에배네도 형제도 여러분을 떠날 것입니다."

오랜 침묵이 흘렀다. 그때 나의 남편이 다시 입을 열었다.

"마침 여기서 곧바로 헬라, 빌립보로 가는 배가 있습니다. 그 배가 오늘 이곳에 들어왔습니다. 소요가 일어난 바로 그날에!"

다시 모두들 환호성을 올렸다.

"곡물 운반선인데 승객도 태웁니다. 배는 7일 후에 빌립보에 도착할 예정입니다."

신자들은 하나같이 일어나 우리를 에워쌌다. 내게는 잊을 수 없는 순간이었다. 남편과 나는 에베소에서 4년을 살았다. 우리가 처음 에베소에 왔을 때, 그 방에 모인 사람들 가운데 신자는 하나도 없었다. 그런데 이제 수백 명의 신자들이 우리를 둘러싸고 우리와 포옹하고 우리를 위해 노래를 불러주고 기도를 해주니 기쁘기 이를 데 없었다.

모임은 눈물로… 기쁨으로 끝났다.

동이 트고 있었다. 바울은 항구에 서서 이렇게 마지막 인사를 나눴다.

"드로아에서 디도를 만나면 거기서 며칠을 머물면서 그리스도를 전할 것입니다. 드로아의 상황은 특별합니다. 제가 가는 곳이라면 어디라도 따라다니며, 저의 원수로 자처하는 사람이 드로아의 회당에 나타났습니다. 그는 회당 지도자들까지 만났으나 그들을 설득하지는 못 했습니다. 드로아의 유대인들은 아직도 저를 좋아합니다! 드로아의 문은 제게 활짝 열려 있습니다. 디도가 드로아에 없다면 저는 곧바로 빌립보로 갈 것입니다. 그때쯤이면 브리스길라와 아굴라 부부가 그곳에 와 있길 바랍니다. 그곳에서 디도를 만날 뿐 아니라 브리스길라와 아굴라 부부가 로마로 향하는 배를 타는 것도 보고 싶습니다. 또한 하나님의 뜻이라면, 1년 후에는 로마에서 그들과 합류하길 바랍니다. 하지만 이번에는 저 혼자 배를 탈 수밖에 없습니다. 제가 훈련시킨 모든 형제들이 이곳에 남을 것이기 때문입니다. 드로비모, 세군도, 두기고는 시골에 있습니다. 그들을 찾는 데 며칠이 걸릴 것입니다. 그들은 에베소로 돌아오면 곧바로 빌립보로 갈 것입니다. 저는 혼자 드로아로 가고요."

사람들은 함께 기도하고 작별 인사를 나누었다. 우리는 그때 바울이 평생에 가장 어두운 시기를 맞으리라는 것을 전혀 알지 못했다.

3
빌립보로 출발하다

아굴라와 누가와 디모데가 바울과 함께 잠시 배에 올랐다. 바울은 자신의 심정을 토로했다.

"고린도에 있는 그리스도의 몸이 몹시 걱정됩니다. 이따금 고린도의 모임이 없어지지나 않을까 하는 생각도 듭니다. 고린도 교회를 생각하며 잠 못 이룬 밤도 많았습니다. 그런데 똑같이 저를 무겁게 짓누르는 게 하나 더 있습니다. 그것은 디도 형제의 안전입니다. 디도는 저의 동역자라는 이유만으로 단검파에게 생명의 위협을 받고 있습니다. 전에 이렇게 깊은 절망을 느낀 적이 딱 한 번 있는데, 빌립보를 떠나 처음으로 데살로니가를 방문할 때였습니다. 그때 저는 블라스티니우스가 제가 세운 모든 교회를 무너뜨리겠다고 맹세했다는 말을 들었습니다. 아마 디모데 형제도 그 일을 기억할 것입니다." (그때 빌립보에서 데살로니가에 이르는 여정은 바울의 삶에서 가장 깊은 골짜기였다. 이제 바울은 또다시 그때와 같은 캄캄한 순간을 맞았다.)

아굴라, 누가, 디모데는 바울과 마지막 포옹을 한 뒤 서둘러 배에서 내렸다. 바울이 마음을 털어놓고 사랑하는 친구들과 헤어진 지 얼마 지나지 않아 갑자기 날씨가 사나워졌다. 불과 얼마 후, 배도 바울의 마음처럼 거친 파도에 요동치고 있었다. 혼자라는 게 도움이 되지 않았다.

며칠 후, 아굴라와 에배네도와 누가와 나는 배를 타고 빌립보로 향했다. 가는 내내 우리는 수시로 이런 질문을 했다.

"바울 형제님이 드로아에서 디도 형제님을 만났을까요?"

우리는 빌립보에 도착하던 바로 그날 그 해답을 알게 될 것이다. 그러나 디도가 빌립보에 와 있지 않다면 어떻게 되는가? 우리 가운데 이런 가능성을 생각하고 싶은 사람은 아무도 없었다. 이유는 간단했다. 디도가 빌립보나 드로아에 도착하지 않았다면…, 이 세상 사람이 아닐 것이기 때문이었다.

우리가 빌립보에 도착했을 때, 루디아가 우리를 맞아주었다. 바울이 내게 자주 말했듯이, 루디아는 참으로 사랑스러운 자매였다. 그 자매가 우리에게 해 준 여러 가지 이야기 중에 내가 기억하는 것은 한마디 뿐이다.

"아뇨, 디도 형제님은 빌립보에 오지 않았습니다. 게다가 단검파가 고린도에서 한 사람을 죽였다는 소문이 있습니다. 그 소문이 진짠지 가짠지는 저희도 아직 모르구요."

우리는 바울이 드로아에 도착하더라도 디도를 만나지 못하리라는 것을 곧바로 알았다. 바울은 단지 고린도의 모임이 사라져 버렸을 수 있다는 것 때문만이 아니라 디도가 죽었을 수 있다는 것 때문에 깊은 슬픔과 절망에 잠길 것이다. 설상가상으로, 바울은 세 번째 파선을 겪게 될 것이다.

렘브란트, The Storm on the Sea of Galilee

4
드로아에 들어서기 직전, 난파를 당하다

　바울은 세 번째 파선에 대해 슬픔에 잠겨 거의 말을 하지 않았다. 배가 드로아 항에 들어서기 직전, 거센 돌풍이 몰아쳤다. 선장은 선원들에게 닻을 내리고 자세를 낮추라고 명령했다. 잠시 바다가 고요해졌다. 배는 다시 항구로 향했다. 그때 바람이 더 거세게 몰아쳤다. 눈 깜짝할 사이, 배는 암초지대로 밀려가더니 암초에 걸리고 말았다.
　바람이 잠잠해지면 모두 안전하게 내릴 수 있을 것 같았다. 선장은 모든 선원들에게 승객들이 배에서 내리거나 구조될 때까지 갑판을 지키라고 명령했다. 그러나 바울을 포함한 세 사람은 배에서 뛰어내려 가까운 해변을 향해 헤엄치기 시작했다. 이러한 결정이 바울의 목숨을 건졌다. 이들이 에게 해의 푸른 물에 뛰어 들어 해변을 향해 나아가는 사이 배는 강력한 파도에 부딪혔고 다음 순간 배가 부서지는 소리가 들렸다. 무자비한 바다와 싸우다 지친 바울은 바위에 올라 바람이 잠잠해지길 기다렸다. 배는 흔적도 없이 사라졌다. 몇 시간 후, 기진맥진한 세 사람이 드로아로 향하는 성문을 통과하고 있었다.

다음 날, 바울은 선원과 승객들도 모두 죽었다는 소식을 들었다. 내가 말했듯이, 이것은 바울이 말하기조차 꺼리는 비극적인 사건이었다.

(바울에게는 이 세 번째 파선이 마지막이 아니었다. 3년 후, 바울은 시실리 해안에서 또 다시 파선을 겪게 된다.)

바울은 드로아에 도착한 후 아무에게도 알리지 않은 채 시내 여관에서 첫날밤을 보냈다. 이튿날, 바울은 곧바로 유대인 신자의 집을 찾아갔다. 바울은 격식도 차리지 않은 채 질문부터 했다.

"디도가 도착했나요?"

"바울 형제님, 디도가 누굽니까?"

바울은 가슴이 철렁 내려앉았다.

"안디옥 출신의 형제입니다." 바울이 더듬거리며 말했다.

"디도 형제는 저와 함께 에베소에 있었는데, 제가 고린도 교회에 보냈습니다. 디도 형제는 고린도에서 빌립보를 거쳐 이곳 드로아로 오기로 했습니다. 그런 사람 모르세요?"

"디도라는 형제에 대해서는 아는 게 없습니다. 다른 사람들에게 물어보기는 하겠지만 그런 사람은 이곳에 없는 것 같습니다. 형제들이 오면 저희가 모를 리 없거든요."

그날 밤, 매우 초조한 바울은 드로아의 형제들을 만났다. 바울이 에베소에서 일어난 일을 그들에게 이야기하고 있을 때, 항구에서 일하는 유대인 형제가 들어와 바울에게 말했다.

"바울 형제님, 오늘 오후에 고린도에서 배가 한 척 들어왔습니다. 배가 오면 소식도 함께 오거든요. 최소한 소문이라도 함께 오지요. 배가 도착했을 때, 저는 형제님이 여기 계신 줄 몰랐습니다. 형제님이 이곳에 와 친구를 기다리고 계신다는 것을 나중에 들었습니다. 저는 형제님이 고린도에 계신 줄 알았습니다. 그래서 저는 선원들의 말을 듣고 형제님이 고린도에서 죽었다고 생각했습니다."

바울은 곧바로 대꾸했다.

"제가요? 고린도에서 죽었다고요? 한동안 고린도에 간 적이 없는데요."

"그렇다면 소문일 뿐이군요."

"무슨 소문인가요?" 바울이 당황한 기색으로 물었다.

"예, 이스라엘에서 온 단검파가 며칠 전 고린도에서 어떤 사람을 암살했다고 합니다. 단검파가 헬라에서 행동을 개시하기는 이번이 처음입니다."

바울은 혼란스러웠다. 그는 이 소식을 어떻게 해석해야 할지 몰랐다.

유대인 형제가 하던 말을 이었다.

"저희가 알기로, 이스라엘의 상황이 좋지 않습니다. 매일 들리는 소문으로는 히브리인들이 로마에 반기를 들고 일어났다는 말이 있습니다."

바울의 귀에는 한마디도 들리지 않았다. 눈앞이 캄캄해지며 바울의 얼굴엔 공포가 엄습했다. "오, 주님!" 바울은 울기 시작했다.

"디도인가, 디도라고! 그럴 리 없어. 저들이 그리스도 안에 있는 내 형제 디도를 나로 알고 죽였단 말인가?"

"디도라면 형제님과 에베소에서 함께 살았던 형제들 가운데 하나가 아닌가요?" 한 자매가 물었다.

"그리고 디도 형제는 예루살렘에도 있지 않았습니까?" 이번에는 다른 사람이 물었다.

"맞습니다. 하지만 지금 그는 안디옥에도 예루살렘에도 에베소에도 없습니다. 제가 그를 헬라에 보냈거든요."

조금 전에 들은 소식에 아직도 비틀거리고 있던 바울이 더듬거리며 말했다.

"디도 형제와 저는 이곳 드로아에서 만나기로 했습니다. 그런데 지금 그가 이곳에 없습니다. 사랑하는 하나님, 디도는 아니지요? 제가 디도 형제를 죽음으로 내몰았단 말인가요?"

한참을 멍한 표정으로 있던 바울이 뭔가 결단을 한 듯 말했다.

"떠나야겠습니다! 혹시 오늘밤에 빌립보로 떠나는 배가 있을까요?"

너무나 갑작스런 질문에 모두들 당황하며 머리를 흔들었다. 그럼에도 불구하고 그날 밤 바울은 항구에 나가 이 배 저 배로 다니면서 물었다.

"혹시 이 배 빌립보로 갑니까?"

이후 며칠은 빌립보로 떠나는 배를 기다리는 바울에게 그의 생애에서 가장 불안하고 두려운 시간이었을 것이다.

바울은 마침내 빌립보로 떠나는 배를 찾아냈고, 가능한 모든 신자들을 항구로 불러 모았다. 슬픈 모임이었다. 드로아의 신자들이 늘 기대

했던 것은 그가 올 때마다 큰 기쁨으로 맞는 것이었다. 그렇지만 이들은 슬픔을 뒤로 한 채 디도를 위해 강하고 뜨겁게 기도했다.

바울은 돌아오겠다고 약속했지만 그의 생각은 온통 디도에게 있는 게 분명했다.

"디도 형제가 여기 오면 꼼짝 말고 있으라고 전해주십시오. 그리고 빌립보로 저에게 즉시 알려주십시오. 무슨 소식이라도 듣거든 즉시 알려주십시오. 디도 형제가 어디 있든지 그의 배와 저의 배가 서로 엇갈리는 일이 없길 기도할 뿐입니다."

바울은 한마디 덧붙였다.

"디도 형제가 이곳에 오면 잘 숨겨주십시오."

바울은 배에 오른 뒤 생전 처음으로 1인용 객실이 있는지 물었다. 객실은 아주 비쌌지만 그럼에도 바울은 객실을 얻었다. 그리고 항해 내내 객실에 머물면서 금식하고 기도했다.

사실 바울이 기도를 했다기보다 울었다고 말하는 게 더 정확한 표현일 것 같다. 바울은 디도를 지켜달라고 주님께 터질 듯한 심정으로 울고 또 울며 기도했다. 긴 밤 동안 바울의 유일한 위안은 갑판을 걷는 것이었다. 바울은 완전히 절망에 빠져 있었다. 자신이 디도를 사지(死地)로 내몰았다고 생각한 것이다.

별도 없는 어느 날 밤, 바울은 객실을 나와 배의 난간에 서 있었다. 그는 희망을 잃고 극한 패배감에 사로잡혔다. 디도가 죽었다는 것은 그로서는 감당할 수 없는 일이었다. 나중에 바울은 그때를 이렇게 회상했다.

"그때 저는 삶 자체를 포기했었습니다."

빌립보로 가는 항해는 지루해 보였다. 마침내 배가 항구에 닿았을 때, 배에서 가장 먼저 내린 것은 바울이었다. 바울은 몸이 허락하는 한 최대한 빨리 네압볼리에서 빌립보까지 달려 곧바로 루디아의 집으로 들어갔다.

우연의 일치인지, 아굴라와 에배네도와 나는 바울의 일곱 친구들과 함께 불과 몇 시간 전에 빌립보 항에 내렸다. 우리가 루디아의 집에 들어간 지 불과 몇 분 후 바울이 뒤따라 들어왔다. 바울은 내가 루디아와 함께 있는 것을 보고 어리둥절해 하며 잠시 주춤했다.

"브리스길라 자매님, 벌써 도착하셨군요."

바울이 내게 이 말을 건넨 후 서둘러 루디아에게 고개를 돌려 이렇게 물었다.

"디도 형제는 아직 도착하지 않았나요?"

바울은 루디아의 눈을, 그리고 내 눈을 읽으려 애썼다. 바울이 우리 눈에서 무엇을 보았는지는 모르지만 바로 울음을 터트렸다.

루디아는 즉시 바울 곁으로 달려가 두 팔로 그를 안았다. 루디아가 뭔가 말하려 했다. 그러나 그 순간 디모데가 방으로 들어왔다. 바울이 올려다보며 말했다.

"디모데 형제! 혹시 디도 형제에 대한 소식 없나요?"

디모데가 대답하기도 전에 또 다른 목소리가 들렸다.

"물론 있지요. 첫째는 제가 살아 있다는 것이고 둘째는 제가 이곳에 도착해서야 단검파에 대한 이야기를 들었다는 겁니다."

바울이 뒤를 돌아보았다. 그는 못 믿겠다는 듯 눈만 껌뻑였다.

"바울 형제님, 제가 여기에 조금 늦게 도착하기는 했지만 좋은 소식을 가져왔습니다."

모든 일이 너무 빨리 일어나고 있었다. 너무나 지친 바울에게는 이러한 광경이나 말이 제대로 들어오지 않았다. 바울은 거의 쓰러질듯이 비틀거리면서 디도에게 달려갔다. 두 사람은 서로를 부둥켜안은 채 바닥에 주저앉았다. 그날 그곳에 있던 사람들은 그 순간을 결코 잊지 못할 것이다. 바울은 한동안 디도의 팔에 안겨 흐느꼈다. 우리 가운데 그 누구도, 디모데조차도 바울의 이런 모습을 본 적이 없었다.

바울은 떨리는 손으로 디도의 얼굴을 만지면서 그 얼굴에 입을 맞추고 또 맞추었다. 바울은 아무 말도 하려 하지 않았다. 감정이 복받쳐 도저히 말을 할 수 없었기 때문이다. 디모데 역시 두 사람 곁에 주저앉아 울기 시작했다. 하지만 디모데는 그 이유를 몰랐다.

마침내 바울이 말을 할 수 있게 되었다.

"난… 난…."

바울은 한참을 말을 잇지 못했다. 그는 다시 말했다.

"난 자네가 살해당했다고 들었네."

"저도 압니다." 디도가 속삭였.

"하지만 살해당한 것은 제가 아니라 할례 받지 않은 다른 이방인입니다."

디도는 정확한 단어를 선택해서 말했다. 그 순간 우리는 웃음을 터트렸다. 그제서야 우리는 바울이 겪은 고통을 이해하기 시작했고, 그를 에워싼 채 다독거리고 안아주며 그에게 입을 맞추며 모두가 울고 또 울었다.

"나는 자네가 죽은 게 틀림없다고 생각했네."

바울이 조금은 안정된 어투로 말했다.

"제가 아닙니다." 디도가 대답했다.

"그렇게 걱정되셨다면 바리새인께서 제게 직접 할례를 주시지 그러셨어요!"(디도는 할례를 받지 않은 이방인이다. 바울은 할례가 구원과 무관함을 보여주기 위해 할례 받지 않은 디도를 데리고 예루살렘에 갔다-역자 주)

다시 바울이 웃기 시작했다. 바울은 일단 기쁨이 솟자 웃음을 멈출 수 없었다. 순간, 치유가 시작되었다.

우리는 서로를 포옹하고 또 포옹했다. 그리고 완전히 지칠 때까지 웃고 울었다. 그렇게 아름다운 루디아도 완전히 말이 아니었다. 나도 마찬가지였다.

마침내 바울은 힘을 모아 말했다.

"죽지 않고 살아 있는 젊은 친구, 그래 자네가 가져온 좋은 소식이란 게 뭔가? 무엇보다도, 고린도에 아직 교회가 있는가? 그건 그렇고, 자네는 언제 여기 왔는가?"

"있고말고요, 바울 형제님. 고린도에는 지금도 교회가 있습니다! 제가 빌립보에 온 지 이제 겨우 15분 지났습니다. 그러니까 형제님과 저는 불과 몇 분 간격으로 이곳에 도착한 거지요."

우리는 바울이 자제력을 완전히 잃는 것을 또 한 번 보았다. 우리는 또다시 바울과 함께 눈물을 쏟았다.

"한 가지만 더 물어 보겠네. 대답이 어떻든 오늘은 여기까지만 해야겠네. 사실 오랫동안 자지도 먹지도 못해서 좀 피곤하구만. 솔직히, 이런 일을 하기에는 내가 너무 늙은 것 같네. 안디옥의 디도 형제, 내가 고린도로 돌아가면 환영을 받을까? 아니면…."

"틀림없이 환영 받으실 겁니다! 사실, 고린도의 성도들은 형제님이 여태 다시 오시지 않은 데 화가 나 있습니다."

바울은 루디아의 집 거실 한쪽에 앉아 마치 미친 사람처럼 웃기 시작했다. 바울은 이런 대답을 전혀 예상하지 못했던 것 같았다. 그는 유머 감각이 뛰어난 사람이었으나 그가 그렇게 심하게, 그렇게 오래 웃는 모습은 처음이었다.

"못 말릴 헬라인들이구만!"

우리 모두 한바탕 폭소를 터트렸다.

잠시 후, 디도가 말했다.

"바울 형제님, 형제님께 힘이 되는 소식이 몇 가지 있습니다. 계모와 살던 사람이 회개하고 자신을 용서하고 다시 받아달라고 교회에 요청했습니다. 사람들은 이 문제를 어떻게 해야 할지 몰라 형제님의 답변을 기다리고 있습니다."

"오늘은 그만하세." 바울이 손을 저으며 말했다.

"내일, 해가 뜨면 내 방에 와서 나머지 소식을 들려주게나. 이제 그만 자야겠네."

바울은 우리를 한 사람씩 꼭 안아주었다. 마지막으로, 바울은 루디아에게 다가가 말했다.

"루디아 자매님, 자매님 얼굴이 정말 볼 만하네요. 자매님 얼굴이 이렇게 망가진 건 처음 봅니다. 아무 방이나 하나 내주시겠습니까? 졸려 죽을 것 같습니다."

"다소의 바울 형제님, 아무 방이나 내드리라뇨! 형제님의 방으로 안내해 드리겠습니다. 무슨 이유가 있더라도, 다른 사람은 절대로 그 방을 쓰지 못합니다. 그 방은 형제님 방입니다. 지금까지 늘 그래왔고 앞으로도 그럴 겁니다."

이렇게 해서 최근에 에베소에서 사자들과 씨름했고, 드로아 근처에서 배가 난파되는 일을 겪었으며, 가장 사랑하는 형제가 죽었을지 모른다는 두려움에 떨었던 늙은 전사가 인간의 본능에 굴복했다. 잠시 후, 바울은 몇 달 만에 처음으로 그리스도 예수 안에서 편안하게 잠들었다.

5
드로아에서 기쁨의 재회를 하다

정오가 지났는데도 바울은 인기척이 없었다. 많은 사람들이 그를 기다리고 있었다. 가이오, 아리스다고, 세군도, 디도, 디모데, 소바더, 두기고, 드로비모, 에배네도, 아굴라가 오전 내내 앉아서 바울이 나오길 기다렸다.

"이런 경우는 처음입니다." 디모데가 말했다.

"아마도 마지막일 겁니다." 두기고가 대답했다.

"제가 바울보다 먼저 일어난 것은 제 평생에 오늘이 처음일 겁니다." 디도가 한마디 덧붙였다.

그러나 거기 모인 사람들은 바울이 일어나길 마냥 기다리고 있지는 않았다. 이들은 지난 두 주 동안 있었던 일을 서로 나누면서 아침 시간의 대부분을 보냈다. 그런 후, 이들은 빌립보에서 형제자매들에게 대단한 영웅이 되었던 가이오와 아리스다고의 이야기를 듣고 싶어 했다. 이들이 빌립보 성도들의 눈에 영웅으로 비쳤던 것은 그만한 이유가 있었다. 가이오와 아리스다고는 에베소 소요 때 매우 담대하게 그리스도를 증거했다. (가이오는 죽을지도 모르는 상황에서도 티라누스의 집에서 원형 극장으로 끌려가는 내내 폭도들에게 그리스도를 선포했다. 폭도들은 그의 말에 더욱 거칠어졌으나 그럴수록 그는 더 담대해졌다.)

두 사람이 한 자리에 모이면 정말이지 가관이었다. 그날 아침에는 조용하고 차분한 나의 남편 아굴라마저도 두 사람의 거칠고 기괴한 행동에 물들고 있었다. 이들이 얼마나 크게 떠들었던지, 바울이 이렇게 시끄러운 중에도 깨지 않고 있는 것을 보면 간밤에 죽었을지도 모른다는 생각마저 들었다.

오후에 가이오와 디모데는 바울이 깨는 것을 포기하고 항구로 향했다. 그리고 잠시 후 갈라디아에서 편지가 한 통 날아왔다. 다섯 명의 젊은 갈라디아의 형제들이 곧 빌립보에 도착한다는 내용이었다. 이들 다섯 명은 로마로 가는 길에 잠시 빌립보에 들리는 40명 여 명의 신자 가운데 첫 번째일 것이다.

순간 나는 이런 생각이 들었다.

'이렇게 시끄러운 형제들과 이들보다 훨씬 더 젊고 훨씬 더 시끄러울 다섯 명의 형제들이 만나면 세상이 떠나갈 것처럼 시끄러울거야! 몇몇은 예루살렘으로 가고, 또 몇몇은 로마로 가겠지! 암튼, 다 모이면 루디아의 집이 얼마나 시끄러울지 기대되는군!'

루디아와 나는 그 후 몇 시간 동안 살아가는 이야기를 나누었다. 바울이 언젠가 내게 이렇게 말했었다.

"브리스길라 자매님, 루디아 자매님을 만나면 두 분이 별로 다르지 않다는 걸 알게 될 겁니다. 두 분은 공통점이 참 많습니다. 경험도 그렇고 성격도 그렇고."

바울의 말은 사실이었다. 그날 우리 둘 사이는 하나의 끈으로 이어졌고 그 끈은 지금도 그대로 있다.

몇 시간 후, 바울의 인기척이 들렸고 곧 바울이 밖으로 나왔다. 얼굴은 부어 있었고 걸음걸이도 불안했다. 환하게 웃는 얼굴이 아니었다면, 그를 거의 알아보지 못했을 것이다.

바울이 물었다.

"디도 형제는 어디 있나요? 지금 몇 시나 됐습니까?"

"디도 형제는 자기 방에서 형제님이 부르길 기다리고 있습니다. 지금이 몇 시냐 하면, 모든 빌립보 사람들이 곧 잠자리에 들 시간입니다." 루디아가 웃으며 말했다.

바울은 깜짝 놀랐다. 그리고 겸연쩍은 듯이 말했다.

"이렇게 오래 잔 적이 없었는데…."

"이번에는 그럴 만한 이유가 있었잖아요." 루디아가 말했다.

"이번처럼 많이 지치신 적이 없으셨잖아요. 배가 파선되고, 한 주 동안 먹지도 못하고… 저희 같았으면 죽었을 겁니다."

잠시 후, 바울은 기운을 차리려고 과일과 빵과 염소 젖으로 만든 치즈를 먹었다.

"이제 디도 형제를 불러주세요. 디도 형제가 고린도의 상황이 좋다고 말하지 않았던가요? 아니면 제가 꿈을 꾼 건가요?"

"디도 형제님이 그렇게 말했습니다." 루디아가 대답했다.

"그렇다면 오늘 남은 시간에는 디도 형제의 이야기를 더 들어야겠네요."

이 말에 루디아의 하인 하나가 디도의 방으로 향했다. 두 사람은 그 후 몇 시간 동안 고린도뿐 아니라 데살로니가와 베뢰아의 사정에 대해서도 이야기를 나누었다. 디도가 빌립보로 오는 길에 이곳들을 잠시 들렀기 때문이었다.

"형제님이 고린도 교회에 편지를 하셨을 때 그들은 네 분파로 갈라져 있었습니다. 그런데 감사하게도 지금은 둘 뿐입니다! 형제님이 돌아오길 원하는 사람들과 그러지 않는 사람들로요!"

바울은 알았다는 듯이 미소를 지었고 디도의 말을 정말 좋은 소식으로 받아들였다. 디도는 이야기를 계속하면서 이마를 찌푸렸다.

"고린도의 성도들이 블라스티니우스에 대해서도 알고 있습니다. 블라스티니우스가 고린도에 왔었습니다. 그래서 그곳에는 그의 추종자들도 있습니다."

"그 정도는 나도 예상했었네." 바울이 대답했다.

"블라스티니우스가 뭐라고 했는가? 그가 무슨 짓을 했지? 그 사람이 내 뒤를 따라다니면서 나에 대해 정확히 뭐라고 말하고, 내가 세운 교회들에 정확히 무슨 짓을 하고 있는지 아는가?"

"매우 재미있는 질문입니다, 바울 형제님. 블라스티니우스는 고린도 교회와 단 한 번도 자리를 같이 하지 못했습니다. 그뿐 아니라 그는 신자를 하나도 만나지 못했습니다. 블라스티니우스는 자신이 바울 형제님에 대해 무슨 말을 하더라도 먹혀들지 않으리라는 것을 알고 있었습니다. 고린도 교회조차도 형제님에 대한 이런 비판에 넘어가지 않을 만큼 성숙했습니다. 오히려 블라스티니우스는 회당 지도자들과 시간을 보냈습니다. 그는 복음에서 완전히 돌아섰으며 율법을 내세우고 있습니다. 블라스티니우스는 새로운 전략을 세웠습니다. 그와 함께 다니는 동료들은 신자들에게 보내고 자신은 율법주의적 유대인들을 찾아가는 것입니다. 신자들이 모일 때, 그의 친구들은 그들이 안디옥에서 했던 그대로 했습니다. 그들은 모임에 들어와 사람들의 친구가 되었고, 그런 후에 바울 형제님과 형제님의 평판과 메시지를 조금씩 깎아내리기 시작했습니다.”

"그 다음에는?" 바울이 물었다.

디도는 매우 만족스러운 웃음을 지었다.

"그들의 전략은 전혀 먹혀들지 않았습니다! 그들이 생각했던 결과가 나타나지 않았거든요. 하지만 그들은 형제님에 대한 의심의 씨앗을 뿌리는 데는 성공했습니다. 다른 한편으로, 대부분의 사람들이 형제님의 요청으로 베드로 형제님이 자신들을 찾아온 것을 기억하고 있습니다. 이 사실이 예루살렘에서 온 방문자들이 형제님에 대해 쏟아낸 비난을 상쇄시켜주었습니다.”

바울은 고개를 끄덕였다.

"바울 형제님, 혹시 블라스티니우스가 처음 갈라디아에 갔을 때 예루살렘에서 받은 추천장을 갖고 있었다는 것을 기억하십니까?”

바울은 언짢은 표정을 지었다.

"믿으시기 어렵겠지만, 이들이 야고보에게서 받은 그 추천장을 아직도 써먹고 있습니다."

"안 돼!" 충격을 받은 바울이 말했다.

"난 블라스티니우스가 그렇게까지 야비하게 행동하리라고는 생각지 않았네… 예루살렘의 사도들과 장로들이 직접 서명한 너무나 분명한 내용의 편지를 안디옥 교회에 보낸 후에는 그러지 않을 거라 생각했었네. 다른 소식은 없는가?"

"어제 말씀드렸듯이, 계모와 사는 형제가 회개했으며 자신을 교회에 다시 받아들여 달라고 요청했습니다. 이번에는 교회가 이 문제에 대해 형제님의 결정을 기다리고 있습니다."

"정말 잘 됐네. 또 다른 소식은?" 바울이 물었다.

"예루살렘에서 온 방문자들이 형제님이 사역하면서 사례비를 받지 않는 것을 계속 비난하고 있습니다. 몇몇 고린도 교인들도 형제님이 사례비를 받지 않는 것을 여전히 달가워하지 않습니다."

"난 이해가 안 되네!" 바울이 당혹스런 표정으로 말했다.

"도저히 믿을 수가 없네. 돈을 안 받는다고 비난을 하다니!"

바울은 잠시 멍하니 앉아 바닥만 쳐다보았다.

"참, 단검파는 어떻게 됐는가? 아직도 고린도에 있는가?"

"안 좋은 소식입니다. 그들이 고린도에 와 있습니다. 지금 형제님을 찾아 죽이려고 혈안이 되어 있다고 들었습니다."

바울이 말했다.

"블라스티니우스가 자기 일을 아주 잘 하고 있는 것 같군. 그 사람은 자신의 맹세를 지키고 있어! 그렇지 않은가? 시카리파(번역하면 단검파라는 뜻이다)가 나를 이스라엘의 원수 취급할 이유는 전혀 없는데 말이지. 그들이 나를 죽이려고 남부 헬라까지 쫓아다닐 만한 이유도 전혀 없어. 그들이 이스라엘 밖에서 찾아다니는 게 나뿐인가?"

"그들이 고린도에 와서 형제님을 찾아내지는 못했지만 그들의 발걸음이 헛수고는 아니었습니다. 그들은 고린도에서 가장 영향력이 큰 로마인 사업가를 찾아내 암살했습니다!"

바울이 깜짝 놀라더니 고개를 숙인 채 아무 말도 하지 않았다.

디도가 다시 말했다.

"블라스티니우스에 관한 소식이 또 있습니다. 블라스티니우스는 가는 곳마다 그 지역 유대인들에게 회당이 있는 도시들을 가르쳐달라고 한답니다. 그는 또한 그 지역 유대 지도자들의 이름을 알아낸 후 회당과 이들에게 편지를 써서 형제님을 조심하라고 경고하고 있답니다!"

"믿을 수가 없군!" 바울이 신음하듯 말했다.

"난 블라스티니우스가 내 육체의 가시라고 했었지만, 이제는 그를 단검이라 불러야 하는 게 아닌지 모르겠네!" 바울은 한숨을 쉬었다. "고린도에 다시 편지를 해야겠네. 그것도 즉시 말일세."

여름이었다. 부활절과 오순절이 지난 지 27년이 되었다.

바울은 그의 말대로 그날 밤 횃불 아래서 고린도 교회에 쓸 편지 내용을 메모하기 시작했다.

6
편지를 위한 준비

"디도 형제, 내가 지난번에 예루살렘에 있을 때, 베드로 형제님이 그 지역에 여러 해 동안 가뭄이 계속되고 있다고 했었네." 바울이 말했다.

"베드로 형제님은 가뭄이 좀 더 계속되면, 가장 가난한 유대인 신자들이 큰 고통을 겪을 거라 하셨네. 이러한 가뭄이 생각보다 훨씬 큰 위기가 되는 데는 또 다른 이유가 있네. 성전 창고 관리자들이 가난한 신자들을 돕는 데 돈을 쓰길 거부하고 있기 때문일세. 그런데 그리스도를 인정하지 않는 가난한 사람들은 도움을 받고 있네. 이스라엘의 각지에서 가난한 사람들이 예루살렘으로 몰려들고 있지만, 주님을 따르는 사람들은 예루살렘에 오더라도 도움을 받지 못하고 있는 형편이네."

"나는 베드로 형제님께 이런 얘기를 듣는 순간 이방 교회들이 가난한 유대인들을 반드시 도와야 한다고 생각했네. 우리는 이제 곧 예루살렘에 가게 될 텐데, 이방 지역들을 거쳐서 갈 걸세. 가는 길에 힘든 처지에 있는 히브리 형제자매들을 위해 이방 교회들에게 헌금을 부탁할 생각이네."

"우리는 헬라, 소아시아, 갈라디아, 수리아를 거쳐 예루살렘에 가게 될 걸세. 여러 형제들이 각자가 맡은 지역에서 거둔 헌금을 직접 가져와야 할 걸세."

"고린도의 헌금은 누가 가져오나요?" 디도가 물었다.

"우리 여덟 중에 남부 헬라 출신만 없거든요."

"고린도의 헌금은 내가 직접 가져오겠네."

바울이 대답했다. 바울도 모두가 자신의 대답에 놀라리라는 것을 알고 있었다. 바울과 동역하는 사람들뿐 아니라 아굴라와 나도 그가 돈을 전혀 만지지 않는다는 것을 알고 있었기 때문이다.

"남부 헬라에는 겐그레아 교회와 고린도 교회뿐일세. 디도 형제, 자네 말이 맞네. 우리 가운데 남부 헬라 출신이 없네. 그러니 내가 가는 수밖에…. 더욱이 나는 고린도 교회가 나를 믿고 있다는 것을 내가 확신한다는 것을 그들에게 보여 주고 싶네!"

"우리는 언제 떠납니까?" 가이오가 방으로 들어오며 물었다.

바울이 그를 올려다보며 말했다.

"40명의 형제자매들이 이곳에 안전하게 도착한 후에 떠날 걸세. 일단 그들이 다 도착하면, 내가 직접 로마로 떠나는 그들을 배웅하고 싶네."

"로마에서 곧 시작될 교회는 첫날부터 강력하겠는데요." 디모데가 방으로 들어오며 덧붙였다.

"자네들은 하루 종일 어디 있다 오는 건가?"

바울이 방으로 들어서는 형제들을 보며 물었다.

"항구에 다녀왔습니다. 갈라디아에서 오는 사람들이 있을까 해서요."

"예루살렘에는 어떻게 갑니까?" 드로비모가 물었다.

"육로로 가나요 아니면 배를 타고 가나요?"

"가능한 한 육로로 갈 걸세. 물론, 빌립보에서 소아시아까지는 배를 타고 가야할 걸세."

"오늘밤에는 모두들 궁금한 게 참 많은 것 같네. 하지만 자네들이 중요한 모임을 방해했다는 걸 곧 알게 될 걸세. 나는 고린도에 또 한 통의 편지를 쓸 계획이거든. 젊은 형제가 나를 도우려고 이곳으로 오고 있네. 그 형제는 어메뉴엔시스(서기관)일세. 루디아 자매님이 추천했네. 이름은 더디오라고 하던데."

"잘 됐네요!" 디모데가 소리쳤다.

"형제님, 앞으로는 그 친구를 이용해 주세요. 정말이지 제 손목이 부러지는 줄 알았습니다."

언제나 그렇듯 바울은 이런 디모데의 익살을 웃음으로 응대하며 말을 계속 이었다.

"더디오 형제가 오면, 함께 몇 가지를 점검할 걸세. 그리고 그가 정말 루디아 자매님이 말한 것처럼 훌륭한 친구라면 곧바로 편지 쓰기에 착수할 걸세."

그 후 한 시간 동안, 여덟 명의 형제들은 바울에게 갖가지 질문을 했다. 바울은 마침내 긴장을 풀고 이들과 대화를 나누었다.

잠시 후, 루디아의 하인들이 풍성한 음식을 들고 식당으로 들어왔다. 함께 앉아 식사하는 것은 정말 멋진 일이었다. 우리는 디도를 안전하게 지켜주신 하나님께 감사했으며, 그런 후에는 빌립보로 향하는 모든 사람들을 안전하게 지켜달라고 기도했다. 그리고 로마에 있는 사람들을 위해서도 기도했으며, 마지막으로 우리가 아벤틴 힐(Aventine Hill)에서, 즉 내가 구입한 집에서 보내게 될 날을 위해서도 기도했다.

식사를 시작한 지 얼마 후 더디오가 도착했다. 원래 그는 남부 헬라 출신이지만 서기관 일을 하려고 빌립보로 이주했다. 더디오는 헬라어와 라틴어에 능통했으며 내가 상상할 수 있는 인간의 속도보다 더 빨리 쓸 수 있었다. 더욱이, 그가 우리 앞에서 시범적으로 쓴 글씨를 보니 반듯하고 분명하며 아름다웠다. 그의 말투 역시 분명하고 아름다웠다. 내가 받은 첫 인상은 어떻게 저렇게 젊은 청년이 저렇게 똑똑할 수 있을까라는 것이었다. 더디오는 빌립보의 모임에 여러 해 동안 참석하고 있었다. 그를 주님께 인도한 것은 루디아였다. 우리는 즉시 그가 좋아졌다.

"저는 이만 실례하겠습니다." 바울이 자리에서 일어나며 말했다.

잠시 후, 디도를 포함한 형제들도 자리에서 일어났다. 바울은 자신의 방으로 돌아갔고 더디오와 디모데도 뒤따라갔다. 나머지 형제들은 갈라디아에서 오는 다섯 명의 꾀죄죄한 젊은 형제들이 탄 배가 도착했는지 알아보기 위해 다시 항구로 나갔다.

"더디오 형제가 아주 유능한 것 같네. 어쩌면 디모데 자네보다 나은 것 같아."

"시원섭섭합니다."

사실 바울의 편지를 대필해 주는 일을 좋아하지 않았던 디모데가 웃음 띤 얼굴로 말했다. 그리고는 더디오를 향해 이렇게 말했다.

"형제님이 하는 걸 구경해도 될까요?"

"괜찮고말고요." 더디오가 대답했다.

더디오는 먼저 두 장의 파피루스를 꺼냈다. 그런 후 상아 조각으로 조심스럽게 문질렀다.

"저는 상아보다 부석(浮石)이 더 낫다고 생각했습니다." 디모데가 한마디 거들었다.

"상아를 사용할 경우 정말로 조심하지 않으면 종이가 너무 번들거려 글씨를 쓰는 데 적합하지 않게 된다고 알고 있습니다."

"형제님 말이 맞습니다." 더디오가 웃으며 말했다.

"하지만 저는 아주 조심스럽게 하고 있습니다."

더디오는 파피루스를 부드럽게 하는 과정을 끝내자 한 장씩 위에서부터 아래로 접었다.

"이제 네 페이지가 되었습니다."

그는 접는 과정을 끝내며 말했다. 너비가 25cm 정도였던 파피루스가 반으로 접혀 13cm 정도로 줄어들었다. 더디오는 작은 주머니에서 작은 납 조각을 꺼내더니 그것으로 네 페이지 모서리를 중심으로 눈에 간신히 보일 정도로 가늘게 선을 그었다.

"디모데 형제님, 뒤로 조금만 물러나 주시겠습니까?"

디모데는 재빨리 뒤로 물러났다. 그러자 더디오는 각 페이지마다 수

평으로 24개의 선을 그었다. 선은 디모데가 간신히 볼 수 있을 정도로 가늘었다. 더디오는 다시 주머니에서 갈대 조각을 꺼냈다. 그리고 갈대 조각의 한쪽 끝을 잘랐다. 그러나 만족스럽지 않았던지 돌을 꺼내 갈대의 끝을 뾰족하게 다듬었다.

"이 갈대는 고품질의 갈대가 나기로 유명한 아시아의 어느 호수에서 자라는 것입니다."

"더디오 형제, 잉크는 무엇으로 만든 건가요?"

여전히 호기심이 많은 디모데가 물었다.

더디오는 항아리를 들어 조심스럽게 테이블에 올려놓더니 봉인을 제거했다.

"이 잉크는 검댕을 접착 용액과 섞어서 만든 것입니다. 글자를 잘못 썼지만 아직 잉크가 마르지 않았다면 축축한 천으로 닦아낼 수 있습니다. 하지만 일단 잉크가 말라버리면 어떻게 할 수 없습니다."

설명을 위해, 더디오는 파피루스에 짧게 줄을 그었다. 그런 후 천으로 닦아냈다.

"이런, 어떻게 된 거죠?" 디모데가 신기하다는 듯 물었다.

"형제님은 뭘 사용하시는데요?"

더디오가 디모데를 바라보며 물었다.

디모데는 더듬거리며 모호한 대답을 했다. 그러나 다행스럽게도 바울이 끼어들었다.

"더디오 형제, 내가 어느 정도나 빠르게, 아니면 어느 정도나 느리게 말을 하면 되겠나?"

더디오는 소수의 서기관들만이 할 수 있는 말로 대답을 대신했다.

"셀레리타테움 링구아 마누스 세퀴투르…."

바울이 웃었다. 디모데의 완패였다.

더디오는 계속해서 말했다.

"이것은 불과 몇 안 되는 서기관들만 할 수 있는 말입니다. 이 말은 '저는 단어 대신 기호를 사용할 수 있습니다'라는 뜻입니다. 다시 말하면, 저는 모든 단어를 다 써야 하는 서기관들보다 훨씬 더 빨리 쓸 수 있습니다. 저는 어떤 사람이 어떤 속도로 말하든 다 받아 쓸 수 있습니다. 다시 말해, 저는 바울 형제님이 아무리 빨리 말하더라도 다 받아쓸 수 있습니다. 제가 하는 것을 가리켜 속기법이라고 합니다. '기호로 쓰기'라는 뜻이지요. 속기를 할 수 있는 사람은 얼마 되지 않습니다. 바울 형제님이 말씀을 끝내면, 제가 기호로 쓴 것을 다시 단어로 기록할 것입니다. 디모데 형제님, 형제님은 얼마나 빨리 쓸 수 있나요?"

디모데는 얼굴이 붉어졌다. 그러더니 도움을 구하는 표정으로 바울을 쳐다보았다.

바울은 미소를 지으며 디모데의 어깨에 손을 올려놓고 말했다.

"더디오 형제만큼은 안 될 거야. 디모데 형제의 모국어는 리고니아 방언일세. 그에게 헬라어는 외국어라 할 수 있지."

나는 이 세 형제와 자리를 함께하면서 바울이 고린도에 어떤 편지를 쓰는지 듣고 싶은 마음이 너무나 간절했다. (감사하게도 바울은 나중에 루디아와 나를 방으로 불렀으며, 덕분에 우리는 편지의 많은 부분을 들을 수 있었다.)

이렇게 해서 고린도에 편지를 쓰는 작업이 시작되었다.

당신도 이 편지를 잘 알고 있을 것이다. 바울이 고린도에 보낸 편지는 많이 필사되어 헬라의 여러 교회에 전해졌다. 몇몇 필사본은 소아시아와 갈라디아에까지 전해졌다. 다음은 바울의 편지에 얽힌 뒷이야기다.

...κετε· ἐλπίζω δὲ ὅτι ἕως τέλους ἐπι...
...ς καὶ ἐπέγνωτε ἡμᾶς ἀπὸ μέρους, ὅ...
...ἐσμεν καθάπερ καὶ ὑμεῖς ἡμῶν ἐν τῇ ...
[ἡμῶν] Ἰησοῦ.
τῇ πεποιθήσει ἐβουλόμην ⌜πρότερον πρ...
...δευτέραν ⌜χάριν ⌜σχῆτε, 16 καὶ δι' ὑμ...
...ακεδονίαν, καὶ πάλιν ἀπὸ Μακεδονία...
...ς καὶ ⌜ὑφ' ὑμῶν προπεμφθῆναι εἰς τ...
...ο οὖν ⌜βουλόμενος μήτι ἄρα τῇ ἐλαφρ...
...ουλεύομαι κατὰ σάρκα βουλεύομαι, ἵνα ...
...αὶ ναὶ καὶ τὸ οὒ οὔ'; 18 πιστὸς δὲ ὁ θε...
...ο' ὁ πρὸς ὑμᾶς οὐκ ⌜ἔστιν ναὶ καὶ οὔ...
...ρ υἱὸς ⌜Ἰησοῦς Χριστὸς⌝ ὁ ἐν ὑμῖν δ...
...καὶ οὒ ἀλλὰ ναὶ ἐν αὐτῷ γέγονεν...
...ελίαι θεοῦ, ἐν αὐτῷ τὸ ναί'· διὸ καὶ δ...
...θεῷ πρὸς δόξαν ᵀ δι' ἡμῶν. 21 ὁ δὲ...
...ν ὑμῖν) εἰς Χριστὸν καὶ χρίσας ἡμᾶ...
...σφραγισάμενος ἡμᾶς καὶ δοὺς τὸν ἀρ...
...τος ἐν ταῖς καρδίαις ἡμῶν.

557

23 Ἐγὼ δὲ μάρτυρα τὸ...
ἐμὴν ψυχήν, ὅτι φειδόμενο...
ρινθον. 24 οὐχ ὅτι κυριε...
συνεργοί ἐσμεν τῆς χα...
κατε.   1 Ἔκρινα...
2 λύπῃ πρὸς ὑμᾶς ἐλ...
τίς ᵀ ὁ εὐφραίνων με...
ἔγραψα τοῦτο αὐτό...
ἔδει με πάντων ὑμῶ...
χαρὰ πάντων ὑμῶ...
συνοχῆς καρδίας...
ἵνα λυπηθῆτε ἀλ...
...σοτέρως εἰς ὑμ...
5 Εἰ δέ τις...
μέρους, ἵνα...
τοιούτῳ ἡ ἐπ...
αντίον ⌜μᾶλ...
πως τῇ πε...
παρακαλ...
γὰρ καὶ δ...
τα ὑπήκ...

헬라어 고린도후서

7
고린도 교회에 두 번째 편지를 쓰다 (1)

"더디오(Tertius) 형제, 편지를 이렇게 시작하면 좋겠는데….”

"말씀하십시오."

더디오가 갈대를 잉크에 담그며 대답했다(저자는 NLT를 인용하고 있는데, 여기서는 '현대인의 성경'을 그대로 옮겼다. 참고로 여기서 말하는 편지는 고린도후서다 – 역자 주).

하나님의 뜻에 따라 그리스도 예수님의 사도가 된 나 바울과 형제 디모데는 고린도에 있는 하나님의 교회와 온 아가야에 있는 모든 성도들에게 하나님 우리 아버지와 주 예수 그리스도의 은혜와 평안이 함께하기를 기도합니다.

자비의 아버지시며 모든 위로의 하나님이신 우리 주 예수 그리스도의 아버지 하나님을 찬양합니다. 그분은 온갖 고난을 겪는 우리를 위로해 주십니다. 그래서 우리가 하나님에게 받는 위로로 고난당하는 사람들을 위로할 수 있게 하십니다. 그리스도의 고난이 우리 생활에 넘치듯이 우리의 위로도 그리스도를 통해 넘치고 있습니다. 우리가 고난을 받아도 여러분의 위로와 구원을 위한 것이며 우리가 위로를 받아도 여러분의 위로를 위한 것입니다. 이 위로는 여러분이 우리가 당하는 것과 같은 고난을 견뎌내는 데 도움이 됩니다. 그리고 여러분에 대한 우리의 희망이 확고한 것은 여러분이 우리와 함께 고난을 당한 것처럼 우리와 함께 위로도 받게 될 것을 우리가 알기 때문입니다.

디모데는 바울이 이전 편지들보다 훨씬 더 개인적인 편지를 쓰고 있음을 깨달았다. 바울의 편지가 얼마나 개인적인지는 열 한 페이지 뒤쯤에서 분명해졌다.

"그들에게 말하지 않으면 안 되네." 바울이 자신의 심정을 토로했다. "그들에게 내가 최근에 지나온 어둠의 바다에 대해 조금은 말해야 할 것 같네."

"형제님이 첫 번째 편지를 쓴 후 세 달 동안 참 많은 일이 있었습니다. 그러니 그 세 달 동안의 일을 그들에게 말하는 게 당연하지 않겠습니까?" 디모데가 거들었다.

"그들도 알아야 해. 에베소의 소요… 디도의 행방불명… 블라스티니우스… 단검파에 대해 그들도 알아야 하고말고!"

바울은 잠시 깊은 생각에 잠기더니 이렇게 말했다.

"말해야겠지? 사람이 나이가 많이 들면 몇몇 개인적인 이야기도 할 수 있겠지?"

바울이 처음으로 자신의 마음을 조금 열고 자신이 최근에 겪은 깊은 고통의 조금이나마 들려주기 시작했다.

형제 여러분, 우리가 아시아에서 당한 고난에 대해서 여러분이 모르기를 원치 않습니다. 그때 우리는 도저히 우리 힘으로 견뎌내기 어려운 고생을 겪었으며 마침내 살 희망마저 버렸습니다.

바울은 고린도의 성도들에게 자신이 모든 고난을 겪는 동안 하나님은 신실하셨고 자신을 지켜주셨다고 말했다. 또한 그들이 자신의 안전을 위해 기도해준 것에 감사했다.

바울이 이어서 무슨 말을 해야 할지 생각하는 동안 더디오가 말했다.

"형제님이 저더러 상기시켜 달라고 하신 걸 메모해 둔 게 있습니다. 형제님이 고린도의 성도들에게 가겠다고 약속하신 때에 가지 못한 이유를 그들에게 알려줘야 한다는 것입니다."

"맞네. 더디오 형제, 계속 메모해 둔 것들을 내게 상기시켜 주게." 바울이 말했다.

우리가 이 세상에서 특별히 여러분과의 관계에서 하나님이 주신 거룩하고 진실한 마음으로 살아온 것을 우리 양심이 증거하고 있으니 바로 이것이 우리의 자랑입니다. 더구나 우리는 사람의 지혜로 하지 않고 하나님의 은혜로 그렇게 했습니다. 우리는 여러분이 읽고 이해할 수 있는 것만 써서 보냅니다. 지금은 여러분이 우리를 부분적으로밖에 이해하지 못하지만 주 예수님이 재림하시는 날에는 우리가 여러분을 자랑하는 것처럼 여러분도 우리를 자랑할 수 있다는 것을 충분히 알게 되기를 바랍니다.

나는 이것을 확신했기 때문에 먼저 여러분에게 가서 두 차례 은혜를 받게 할 계획을 세웠던 것입니다. 다시 말해서 여러분을 방문하고 마케도니아로 갔다가 마케도니아에서 다시 여러분에게 돌아가 거기서 여러분의 도움을 받아 유대로 갈 계획이었습니다. 내가 이런 계획을 세우는 데 경솔히 했겠습니까? 내가 이기적인 동기에서 경솔하게 계획을 세우고 쉽게 예, 예 했다가 같은 입으로 금방 아니오, 아니오 하고 말할 수 있겠습니까? 하나님이 신실하신 것처럼 우리가 여러분에게 한 말도 예 했다가 금방 아니오 한 것이 아닙니다. 나와 실루아노와 디모데가 여러분에게 전파한 하나님의 아들 예수 그리스도는 예 했다가 아니오 하지 않고 언제나 예라는 신실한 응답을 하십니다. 하나님이 아무리 많은 약속을 하시더라도 그것이 그리스도 안에서 예라는 응답으로 이루어지기 때문에 우리가 그리스도를 통해 아멘 하고 하나님께 영광을 돌리게 되는 것입니다. 여러분과 우리를 그리스도 안에 굳게 세우시고 우리를 구별해 세우신 분은 하나님이십니다. 또한 그분은 우리를 자기 것으로 확인하는 도장을 찍으시고 보증하는 표로 성령을 우리 마음에 주셨습니다.

내가 하나님을 증인으로 세워 말하지만 내가 고린도에 가지 않은 것은 여러분을 아끼는 마음에서입니다. 우리가 여러분의 믿음을 지배하려는 것이 아니라 여러분의 기쁨을 위해 함께 일하는 동역자가 되려고 합니다. 이것은 여러분이 믿음으로 굳게 서 있기 때문입니다.

나는 고린도의 성도들이 바울이 더 일찍 고린도로 돌아가지 못한 이유를 알고 깜짝 놀랐으리라고 확신한다. 그들은 바울이 그 다음에 쓴 내용을 읽었을 때 틀림없이 훨씬 더 놀랐을 것이다.

내가 그 편지를 쓴 것은 내가 갈 때 당연히 나를 기쁘게 해야 할 사람들에게서 슬픔을 얻지 않도록 하기 위해서였습니다. 나의 기쁨은 여러분 모두의 기쁨이 되리라고 확신했기 때문입니다.

"더디오 형제, 형제에게 설명을 해야겠네."
바울이 잠시 쉬려고 몸을 뒤로 젖히면서 말했다.
"나뿐 아니라 고린도의 성도들도 큰 고통을 겪었네. 고린도 교회 교인 하나가 계모와 살고 있었네. 근친상간이지! 하지만 교회는 여기에 대해 아무런 조치도 취하지 않고 있었네. 내가 이제 하려는 말은 정말 하고 싶지 않은 말일세. 이미 부끄러움을 당한 고린도 성도들을 더 이상 부끄럽게 하고 싶지 않기 때문일세."
바울은 다시 계속하자는 신호를 보내면서 힘들게 입을 열었다.

내가 근심하고 몹시 괴로워하며 많은 눈물로 그 편지를 쓴 것은 여러분을 슬프게 하기 위해서가 아니라 여러분에 대한 나의 넘치는 사랑을 여러분이 알도록 하기 위한 것이었습니다. 누가 문제를 일으켰다면 그는 나를 슬프게 한 것이 아니라 어떤 면에서는 여러분 모두를 슬프게 한 것입니다. 너무 지나친 말이 될까 봐 이 정도로 말합니다. 많은 사람들이 이미 가한 그 벌로도 그에게는 충분합니다. 이제 여러분은 그를 용서하고 위로하여 그가 너무 슬퍼하다가 낙심하지 않도록 하십시오. 그러므로 그에게 사랑을 베풀어 줄 것을 부탁합니다.

나는 여러분이 모든 일에 순종하는가를 알아보려고 그 편지를 썼던 것입니다. 만일 여러분이 어떤 사람을 용서하면 나도 그를 용서합니다. 그리고 내가 용서할 일이 있어서 어떤 일을 용서했다면 그것은 여러분을 위해 그리스도 앞에서 한 것입니다. 이것은 우리가 사탄에게 이용당하지 않게 하기 위한 것입니다. 우리는 사탄의 책략을 다 알고 있습니다.

이때 바울은 마치 무거운 짐을 방금 내려놓은 사람처럼 깊은 한숨을 내쉬었다.
"밤이 늦었네. 모두 피곤할 텐데 오늘은 여기까지만 하세."
그러나 바울은 말을 계속했다. 하지만 그것은 디모데나 더디오에게 하는 말이라기보다는 자신에게 하는 말이었다.
"내가 지난 번 편지를 쓴 후 겪은 모든 일을 고린도의 성도들에게 다 말해야 할까? 내가 들은 소문들과 그들이 들은 소문들도 다 말해야 할까? 내가 드로아에 도착했으나 디도가 그곳에 없었을 때 디도가 죽었을지 모른다고 두려워했던 것도 말해야 할까? 블라스티니우스 드라크라크마가 최근 몇 년간 한 짓도 다 말해야 할까? 전에 그에 대해 언급한 적이 전혀 없었거든. 주님께서 내일 이러한 문제들에 대해 분명한 답을 주시리라 믿네."

바울은 위를 올려다보며 말했다.

"디모데 형제, 내가 이런 이야기를 하기로 결정한다면 다른 형제자매들도 우리와 자리를 같이 하도록 하는 게 좋을 것 같네. 더디오 형제, 내 생각에는 방에 사람들이 가득해도 크게 방해가 되지 않을 거라 생각되는데 괜찮겠는가?"

"괜찮고말고요."

"내일 계속하세. 더디오 형제, 해가 뜨는 대로 다시 만나세. 디모데 형제, 디도 형제에게 내일은 내가 늦잠을 자지 않을 거라고 말해 주게."

다음날 아침, 바울은 자신의 말대로 매우 일찍 일어났다. 그뿐 아니라 방안 가득 우리들을 초청하여 자신이 말을 하고 더디오가 기록하는 것을 듣고 보게 했다. 그 편지의 내용은 정말 대단했다.

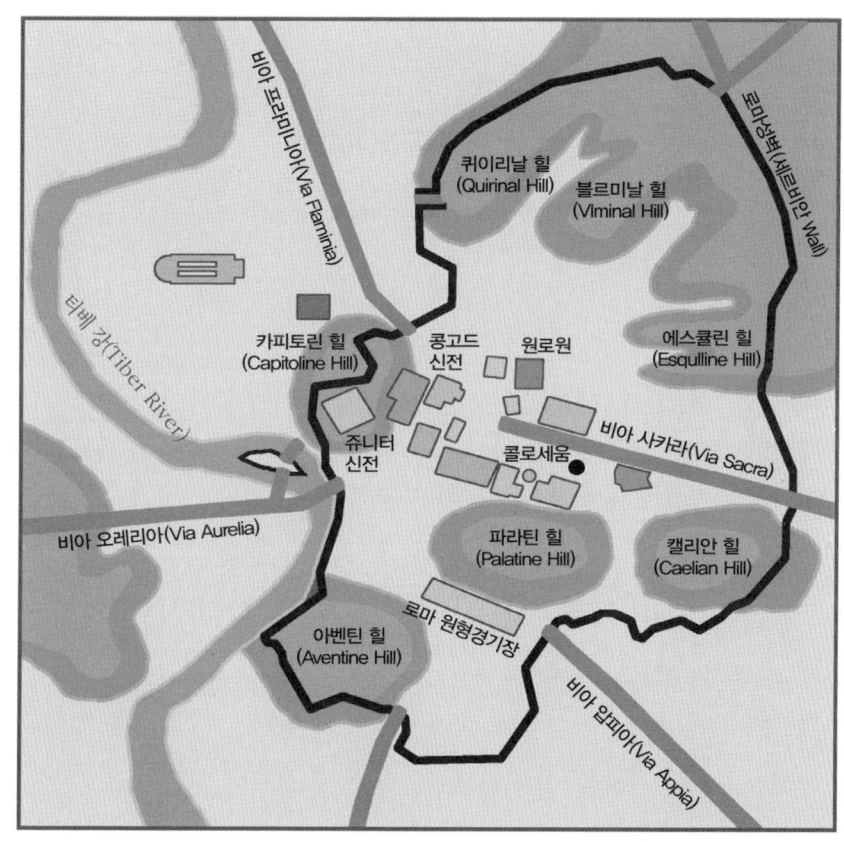

1세기 고대 로마 ⓒ 김상진

8
세상의 중심, 로마에 대하여

우리가 바울과 자리를 함께하려고 모였을 때, 누군가 시끄럽게 문을 두드렸다. 루디아가 문을 열자 매우 흥분한 다섯 젊은이가 나타났다. 그들은 다짜고짜 안으로 들어와 루디아를 가볍게 포옹하고나서 너나 할 것 없이 말을 시작했다. 그들은 모든 이야기를 열정적으로 쏟아놓았으며 특히 자신들이 빌립보 항에서 걸어오면서 본 모든 것에 대해 더 그랬다. 그들은 자신들이 갈라디아를 떠난 후 그들에게 일어난 모든 일을 우리에게 들려주고 싶어 했다.

"저는 두 달 전까지만 해도 노예였습니다." 한 사람이 큰 소리로 말했다.

"저를 보세요! 지금 저는 제국을 여행하고 있습니다."

젊은 형제의 이름은 아순그리도였다.

"우리 모두 노예였습니다." 바드로바라는 형제가 말했다.

이들은 로마에 새로운 모임을 여는 것을 도우려고 로마로 갈 계획을 세우고 있는 이방 교회의 여행자들 가운데 갈라디아에서 출발한 일진이었다. 나는 루디아를 따로 불러 귓속말로 이야기했다. 루디아는 하인들에게 신호를 보낸 뒤, 소란스러운 사람들을 제지하며 이렇게 말했다.

"여러분은 여행을 하느라 분명히 배가 고플 겁니다. 우리는 방금 아침 식사를 끝냈습니다. 하지만 하인들에게 여러분을 위해 음식을 준비하라고 하겠습니다."

바울이 밖이 소란스러운 이유를 알아보려고 방을 나왔다. 그러자 다섯 명의 젊은 형제들이 일제히 그를 붙잡고 차례로 인사를 하기 시작했다. 한동안 이들은 가정 교회의 안부를 큰소리로 바울에게 전했다.

마침내 우리는 이들을 진정시키고 갈라디아의 교회들의 소식을 들을 수 있었다. 하인들이 막 도착한 여행자들을 위해 푸짐한 음식을 차려왔다. 순간 젊은 형제들의 눈이 환하게 빛났다. 나는 웃으면서 루디아에게 고개를 끄덕였다. 열정적인 이야기꾼 가운데 하나가 식사 기도를 했고, 식사가 시작되면서 이야기도 계속되었다.

이들은 갈라디아에서 헬라까지 거의 대부분 걸어서 이동했다. 이들은 보는 것마다 너무나 신기해 넋을 잃었다. 이들의 기쁨이 넘쳤던 이유는 너무나 단순했다. 불과 몇 주 전까지만 해도 다섯 명 모두 노예였다. 이들 가운데 대부분은 집에서 5킬로미터도 벗어나 본 적이 없었다. 이들이 로마에 새롭게 모임을 열 수 있도록 역시 신자인 주인들이 이들에게 자유를 주었다. (당신에게 꼭 말해야 할 게 있는데, 나는 이들 한 사람 한 사람을 깊이 사랑하게 됐다.)

한 시간 남짓, 이들은 자신들이 겪은 일을 이야기했다. 군인들에게 잡힐 뻔 했던 적도 있었고, 자주 길을 잃었으며, 낯선 음식 때문에 탈이 난 적도 있었다. 북쪽의 도시들을 여행할 때는 그곳 신자들에게 환대를 받아 놀라고 감동하기도 했다. 이들이 이 모든 것을 얼마나 열정적으로 이야기했던지 우리는 함께 웃고, 울었다. 우리는 끝없이 이야기보따리를 풀어놓는 이 젊은 형제들을 사랑하지 않을 수 없었다.

오랜 교회 생활에 비춰 말하건대, 세상에서 그리스도 안에 있는 젊은 신자들, 특히 이러한 부류의 신자들만큼 특별한 사람들도 없을 것이다.

바울은 이들에게 갈라디아의 네 교회 하나하나에 대해 물었으며, 그곳에 새로 생겨난 모임들에 대해서도 물었다. 우리는 바울이 신자 수와 교회 수가 늘어나고 있다는 소식에 크게 만족하는 것을 볼 수 있었다.

그때 바울은 젊은 형제들이 깜짝 놀라며 기뻐할 소식을 전했다.

"브리스길라와 아굴라 부부는 며칠 후 로마로 떠나실 걸세. 두 분은 로마에서 충분한 시간을 갖고 많은 방문객을 맞을 준비를 하실 거야. 지금도 40명가량의 신자들이 빌립보를 거쳐 로마로 가고 있네. 오늘 도착한 다섯 형제들은 다른 사람들이 도착할 때까지 기다리지 말고 먼저 떠났으면 하네. 자네들도 브리스길라와 아굴라 부부와 에배네도 형제와 함께 로마로 떠나길 바라네. 이분들에게는 자네들의 도움이 필요할 걸세."

다시 한 번 젊은 형제들은 크게 기뻐했다.

"여러분은 여기서 어떻게 로마로 가실 겁니까?" 블레곤이 물었다.

"서쪽으로 육로를 따라 아드리아해로 갈 걸세. 그리고 두라기움이라는 항구에 이를 걸세." 바울이 설명했다.

"두라기움(Dyrrhachium)은 헬라의 항구인데 저희는 거기서 배를 타고 아드리아해를 건너 브룬디시움(Brundisium)이라는 이탈리아 도시로 갈 겁니다." 아굴라가 이어서 설명했다.

그리고 내가 덧붙였다.

"브룬디시움에서 다시 북쪽으로 600킬로미터를 걸어가든가… 아니면 배를 타고 이동할 겁니다."

"브리스길라 자매님이 로마에 집을 한 채 사 놓았네. 그곳이 자네들의 최종 목적지일세." 바울이 알려주었다.

젊은 형제들은 다시 한 번 놀랐다.

나중에, 이들은 내게 로마에 대해, 아벤틴 힐(Aventine Hill)에 있는 나의 집에 대해, 황제에 대해, 온갖 것에 대해 물었다. 내가 로마의 크기와 그곳의 거리들과 소음과 집의 위치를 설명했으나 그들은 전혀 상상하지 못하는 것 같았다.

"자네들은 아벤틴 힐에 거처를 잡지 말게." 바울이 젊은 형제들에게 지시했다.

"무엇보다도, 자네들은 노예의 임금 정도밖에 벌 수 없을 걸세. 그러니 자네들의 수입으로는 그곳에서 살 수 없을 걸세."

"노예 임금이라고요? 노예들에게는 임금이 없습니다!"

아순그리도가 말했다. 나머지 네 사람이 폭소를 터뜨렸다.

"우리도 다 알고 있습니다." 원기 왕성한 허마가 말했다.

"두 번째 요구는 뭔가요?"

"다섯 형제들은 인술라(insula)에 거처를 정했으면 하네. 아이슬랜드(island)라는 큰 건물에 방을 하나 얻어 살아야 한다는 뜻일세. 일단 그곳에서 코이노니아(koinonia)를 형성해야 하네."

젊은 형제들이 어리둥절한 표정으로 바울을 쳐다보았다.

"인술라가 뭡니까?" 한 사람이 물었다.

나는 내가 설명을 해도 괜찮겠느냐고 물었다.

"자매님이 설명해 주세요." 바울이 말했다.

"로마 전체가 벽돌로 지은 긴 건물들로 이루어져 있는데, 건물은 대개 5층짜리입니다. 이러한 '인술라'는 어둡고 무섭고 냄새조차 고약합니다. 여기에 딸린 방들은 창문도 없고 통풍도 거의 안 됩니다. 여름에는 너무 덥고 겨울에는 너무 춥습니다. 이런 방들을 빌리는 사람들은 항상 꼭대기 층을 얻거나 그게 안 되면 맨 아래층을 원합니다."

"다섯 형제님들이 합쳐야 작은 방 하나를 얻을 수 있을 것입니다. 방 크기는 가로 세로 2.5미터 정도밖에 안 됩니다. 여러분이 대부분의 로마인처럼 쓴다면, 방은 그저 소지품과 먹을 것을 넣어두는 창고 정도로 사용하는 게 가장 좋을 것입니다. 인술라는 잠을 자기에는 너무 안 좋습니다. 대부분의 사람들은 지붕이나 광장에서 잡니다. 안에서 잠을 자는 것은 아주 추울 때나 폭풍이 불 때뿐입니다."

나는 잠시 말을 그쳤다. 다섯 형제는 부정적인 반응을 전혀 보이지 않았다.

"로마에서 이탈리아인은 소수에 불과합니다. 그러나 이들의 행동거지를 보면 이들을 금방 알아볼 수 있을 것입니다. 이탈리아 남자들은 누구나 자신이 세상에서 가장 잘 생겼다고, 생각하며, 자신이 세상에서 노래를 가장 잘 부른다고 생각하며, 누구보다도 시를 멋지게 인용할 수 있다고 생각합니다. 더욱이, 이탈리아 남자들은 누구나 자신이 역사상 가장 위대한 철학자라고 생각합니다."

바울이 웃기 시작했다.

"저는 자신이 그렇게 대단하다고 생각하는 사람은 헬라인뿐인 줄 알았습니다!"

"노래와 시와 논쟁 때문에 로마는 낮에는 세상에서 가장 시끄러운 곳입니다."

나는 계속 설명했다.

"인술라의 생활환경이 끔찍하기 때문에 사실상 모든 사람들이 하루 종일 밖에서 생활합니다. 로마는 여러분의 상상을 초월하는 것들로 붐빌 것입니다. 낮에는 모든 거리가 노점상으로 넘칩니다. 사람들은 물건 하나를 팔려고 하루 18시간을 바깥에 앉아 있습니다. 모든 사람의 목표는 하루에 한 데나리온을 버는 것입니다. 하루에 두 데나리온을 번다면 그날은 정말 운수 대통한 것입니다. 이 모든 것이 뒤섞여… 로마는 혼란 그 자체입니다. 밤에는 광장과 거리들이 노숙자들로 가득합니다.

겨울에는 아침마다 마차들이 시체를 싣고 도시 밖으로 나가는 광경을 볼 수 있을 것입니다. 로마의 가난한 사람들은 평균 수명이 아주 짧습니다. 로마에서는 거의 모든 사람들이 가난합니다. 그것도 아주 가난합니다. 질병이 만연하고, 역병이 자주 번집니다."

"기근도 있습니까? 있다면 얼마나 자주 있나요?"

젊은 형제 가운데 기근을 많이 겪은 듯한 형제가 물었다.

"로마의 좋은 점이라면 이것밖에 없을 겁니다. 세상 모든 곳에 기근이 있더라도 로마에는 절대로 기근이 없습니다. 로마 근처의 항구들에 들어오는 대부분의 배들이 곡물을, 특히 로마를 위해 실어옵니다. 로마에서는 빵 때문에 폭동이 일어나는 일이 없습니다. 로마에는 항상 곡식이 있으며, 제국의 다른 지역들이 기근에 허덕일 때도 로마는 곡식으로 넘칩니다."

갈라디아의 형제들은 이 말에 전혀 감동하지 않았다. 어쨌든 이들은 제국에서 가장 가난한 지역 출신이었다.

"바울 형제님, 코이노니아가 뭡니까?" 젊은 형제들 가운데 하나가 물었다.

"형제님은 저희에게 코이노니아를 형성하라고 하셨습니다. 하지만 저희는 코이노니아가 뭔지 모르거든요."

"브리스길라 자매님께 묻는 게 더 나을 걸세." 바울이 대답했다.

"자매님이 보다 자세히 대답해 줄 수 있을 걸세."

"로마에서 살아남는 법은 여러 가지가 있습니다. 이런 방법들은 수백 년에 걸쳐 발전되어 온 것들입니다." 내가 대답했다.

"상인들은 한 데 모여 길드라는 것을 만들었습니다. 어떤 사람들은 정치적 견해가 같다는 이유 때문에 서로의 생존을 위해 뭉칩니다. 또 어떤 사람들은 인생철학이 같다는 이유로 서로의 생존을 도우려고 뭉칩니다. 이들 모두는 한 가지 공통점이 있습니다. 이들은 인술라에 작은 방 하나를 빌리려고 자신들의 돈과 자원을 공동으로 내놓는 노동자들입니다. 이들은 하루 종일 일하지만 방세를 내고 먹는 것을 해결하기도 힘듭니다. 이들은 단지 살아남기 위해 일하며, 먹을 것과 방과 모든 것을 공유합니다. 그리고 이들은 평생 이렇게 할 겁니다.

그런데 한 그룹이 더 있습니다. 이 그룹은 '코이노니아'라 불립니다. 이들은 공통점이라고는 전혀 없는 사람들입니다. 이들은 직업이나 배경이나 인종이나 민족이나 언어나 문화가 다양할 수 있습니다. 이들이 뭉치는 유일한 목적은 생존입니다."

"주님의 모임들과 비슷한 것 같네요." 디도가 말했다.

"우리는 상상할 수 있는 온갖 종류의 사람들로 이루어져 있으며, 그리스도 때문에 서로 하나 된 사람들입니다."

"브리스길라 자매님, 그 외에 저희가 더 알아야 할 게 있나요?" 블레곤이 물었다.

"예, 로마에는 열네 개의 구역이 있다는 것을 알아야 합니다. 트라스타버(Trstavere)가 가장 가난한 지역입니다. 여러분의 형편으로 살 수 있는 곳은 이곳뿐입니다."

그러자 젊은 갈라디아인 가운데 하나가 공중으로 주먹을 뻗으며 외쳤다.

"트라스타버는 우리 것이다!"

"또한 법적으로 유대인들은 반드시 이 구역에 살아야 했습니다. 다시 말해, 글라우디오 황제가 모든 유대인에게 로마를 떠나라고 명령했을 때까지 그랬다는 뜻입니다. 때로는 부유한 유대인들이 이 구역을 벗어나는 데 성공하기도 했습니다. 재산이 있다면 이 법을 무시할 수도 있다는 뜻입니다. 그렇지 않다면 유대인들인 여러분은 빈민촌인 트라스타버 구역에 살아야 합니다." 나의 남편 아굴라가 말했다.

모두가 그를 쳐다보았다.

"이 사람은 제 남편입니다." 내가 자랑스럽게 말했다.

"아굴라는 아벤틴 구역에 살 수 있습니다."

"브리스길라는 제가 사랑 때문에 자신과 결혼했다고 생각하는 것 같습니다."

아굴라가 농담조로 말했다.

나도 뒤질세라 이렇게 응수했다.

"제가 아굴라와 결혼한 것은 단지 그의 아름다운 머릿결 때문이랍니다."

그러면서 나는 아굴라의 머리카락을 손가락으로 쓸어내렸다.

나는 본론으로 돌아가 이렇게 덧붙였다.

"사실 트라스타버 구역이 지금은 어떤 모습인지 잘 모르겠습니다. 글라우디오 황제가 칙령을 내린 후로 거기에는 유대인이 없다고 들었습니다. 제 생각에는 아주 가난한 사람들이 그 지역으로 옮겨와 모두 차지해 버렸을 것 같습니다. 이 지역의 좋은 점이 딱 한 가지 있는데, 아벤틴 구역과 가깝다는 것입니다. 아벤틴 구역은 트라스타버 바로 북쪽에 있습니다. 티버강(Tiber River)이 두 구역을 갈라놓고 있는데, 강에는 다리가 있습니다."

"자네들은 일을 하더라도 임금을 아주 조금밖에 받지 못한다는 거 알고 있지?" 바울이 물었다.

"자네들이 힘을 합쳐야 방 하나를 빌릴 수 있을 걸세. 그런 방이 있는지 모르겠지만, 있다면 창문이 있는 큰 방을 찾아보게."

"저희가 큰 방을 얻을 형편이 될까요?" 아순그리도가 물었다.

"한동안은 힘들 걸세." 바울이 대답했다.

"그러나 기억하게. 자네들이 로마에 도착하고 몇 달 후면, 그곳에 주님의 모임을 열기 위해 다른 젊은 형제들도 그곳으로 갈 걸세. 그들이 도착하면 일거리를 찾을 때까지 머물 곳이 필요할 걸세. 자네들이 그들의 길잡이가 되어야 하네. 자네들은 일자리도 있을 테고 미로 같은 로마의 길도 익혔을 게 아닌가? 그러니 자네들이 그들에게 일자리도 찾아주고 많은 도움도 줄 수 있을 걸세."

순간, 다섯 젊은이의 얼굴이 빛났다.

"브리스길라 자매님에게서 들은 바에 따르면, 로마에는 특별한 게 하나 있네. 로마는 세상에서 자네들이 일 년 내내 일자리를 찾을 수 있는 유일한 곳일세."

다섯 명의 젊은 형제들은 입이 쩍 벌어졌다.

"그러니까 형제님 말씀은 우리가 매일 일할 수 있다는 뜻인가요? 우리가 매일같이 시장에 나가 누군가 우리를 써주길 기다릴 필요가 없이 어떤 일이라도 할 수 있다는 뜻입니까?"

"그렇다네. 내가 들어도 신기하네. 나로서도 상상이 가질 않네." 바울이 대답했다.

"매일 일을 한다!" 허마가 천천히 말했다.

"여러분이 생각하는 것만큼 좋은 것은 아닙니다." 내가 인상을 조금 찡그리며 말했다.

"로마의 노동 환경은 아주 열악합니다. 매일이라는 말은 연중 매일이라는 뜻입니다. 여러분이 쉴 수 있는 날은 몇 번의 이교도 축제 때뿐입니다. 하지만 여러분이 몸이 상하지 않는 일자리를 찾도록 돕는 데 제가 최선을 다하겠습니다."

"저는 쟁기질을 할 수 있습니다!" 바드로바가 말했다.

"로마 시내에는 밭이 없습니다." 아굴라가 젊은 형제의 말에 웃음을 지으며 말했다.

"그렇군요. 그런 줄 몰랐습니다." 바드로바가 대답했다.

나는 깊이 한숨을 쉬었다. 모두들 내가 그 다음에 할 말을 이해하지 못하리라 생각했기 때문이다.

"로마에 사는 모든 사람들이 겪는 가장 힘든 문제는 밤에 잠을 자는 것입니다! 사람들이 밤새도록 떠들고 소리 지르고 논쟁을 벌입니다. 여기에 구걸하는 사람들의 구슬픈 소리까지 더해집니다. 낮에는 사람들의 소음이 그치지 않고, 밤이 되면 성문이 열리고 수만 마리의 소와 양과 염소와 오리를 비롯한 온갖 가축들이 시내로 몰려들어 소음은 더욱 더 커집니다. 로마의 밤은 정말이지 견디기 힘듭니다."

"브리스길라 자매의 말을 들으니 절대로 로마에 가고 싶지가 않군요. 그곳이 세계의 수도만 아니라면 말입니다." 바울이 중간에 끼어들었다.

"하지만 로마가 세계의 수도이니 저는 그곳에 반드시 가야 합니다."

"저희는 틀림없이 살아남을 겁니다." 허마가 말했다.

"저희는 트라스타버 구역으로 갈 겁니다. 그리고 거기서 큰 방을 찾을 것입니다. 또한 열심히 일하고, 우리와 같은 형제들이 오기를 기다릴 것입니다."

"그리고…" 아순그리도가 덧붙였다.

"저희는 로마 교회 최초의 독신 형제들이 될 것입니다!"

"그뿐 아니라 저희는 그리스도 안에서 큰 코이노니아를 이룰 것입니다." 바드로바가 슬쩍 덧붙였다.

"네로여, 두려워하라! 젊은 독신 형제들이 로마로 진격한다!"

두기고는 이렇게 말하고는 배꼽을 잡고 웃었다.

"자네들에게 부탁하건대, 브리스길라 자매님 댁에 오래 머물지는 말게."

바울이 조금은 강한 어조로 말했다.

"자네들이 도착하고 몇 주 후에 35-40명의 형제자매들이 더 도착할 걸세."

바울은 다섯 명의 젊은 형제가 내게 짐이 되지 말아야 한다는 것을 분명히 하고 싶어 했다. 그러나 나는 이러한 바울의 염려에 전혀 신경 쓰지 않았으며, 이러한 나의 생각을 그대로 밝혔다. 바울은 뭐라고 말을 하려다가 루디아가 곁에서 가만히 고개를 젓자 지혜롭게도 더 아무 말도 하지 않았다.

"나는 이만 실례하겠네." 바울이 말했다.

"오늘 아침에 해야 할 일이 많아서… 고린도의 성도들에게 편지를 쓰는 일을 계속해야 하거든."

다섯 명의 젊은 형제들은 한바탕 거친 포옹과 인사를 나눈 후 떠났다. 루디아의 하인 가운데 하나가 이들에게 바울과 실라가 매를 맞고 갇혔으나 지진 때문에 풀려난 감옥을 보여주겠다고 약속했다. 이들은 이런 곳을 보게 된다는 생각에 숙연해졌다. 그날 밤의 이야기는 이방 교회들 사이에서는 전설이 되어 있었기 때문이다.

"여러분이 알면 재미있어 할 게 있습니다." 루디아가 말했다.

"그곳은 더 이상 감옥으로 사용되지 않습니다. 지진이 있은 후, 더 이상 감옥으로 사용할 수 없게 되었습니다."

이런 사실을 알지 못했던 바울은 두 손을 들고 찬양했다.

"이 소식을 실라 형제에게 반드시 전해야겠네요. 실라 형제도 이 소식을 들으면 기뻐할 겁니다."

"아굴라 형제님, 브리스길라 자매님! 이제 다시 편지로 돌아갑시다. 두 분은 고린도에 사셨지요? 그러니까 두 분은 제가 가는 곳마다 따라다니면서 제 손으로 세운 교회들을 전부 무너뜨리려 하는 사람을 알고 있을 겁니다. 그 사람은 저를 원수로 생각하고 있습니다."

"예, 저도 그 사람을 압니다." 내가 대답했다.

"하지만, 저희가 형제님에게 그 사람에 대해 아무 것도 묻지 않았다는 것은 형제님도 아실 겁니다. 저희는 그저 형제님이 그 사람에 대해 전혀 말하고 싶어 하지 않으시다는 것만 압니다. 지금까지 저희는 그 사람의 이름조차 모릅니다."

"좋습니다!" 바울이 큰 소리로 말했다.

"그러나 이제는 고린도의 성도들도 그를 알고 있습니다! 그가 마침내 고린도에까지 나타나 고린도의 모임뿐 아니라 겐그레아의 모임까지 와해시키려고 온갖 수단을 동원했습니다."

바울의 방에는 서기관 더디오를 중심으로 루디아와 디모데와 디도와 아굴라와 내가 둘러앉았다. 바울이 가장 놀라운 편지의 나머지 부분을 말하는 것을 듣기 위해서였다.

9
고린도 교회에 두 번째 편지를 쓰다 (2)

"블라스티니우스 드라크라크마를 제 삶에서 제거해 달라고 주님께 세 번이나 간절히 구했습니다." 바울이 말했다.

"여러 해 전, 저는 갈라디아 성도들에게 편지를 썼습니다." 그는 생각에 잠긴 채 덧붙였다. "오늘 여기 여러분과 함께 앉아 있는 디모데가 그때 그 편지를 대필했습니다. 그러나 저는 변했습니다. 다시 말해, 블라스티니우스가 저를 바꿔 놓았습니다. 저로서는 정말 인정하기 싫지만, 블라스티니우스는 제 삶을 향한 하나님의 뜻입니다. 인간적으로 보면 그와 많은 추종자들이 제게 큰 해를 끼쳤습니다. 그들은 제가 하나님으로부터 보냄을 받지도 않았으면서 이방인 지역에 교회들을 세우고 있다고 했으며, 제가 배교한 사도이며, 모세 언약의 파괴자이며, 교육도 제대로 받지 못한 자라고 했습니다." 바울이 얼굴을 찡그리며 말했다.

"이 외에도 한 가지가 더 있습니다. 저로서는 도저히 이해가 되지 않는 것입니다. 거의 모든 사람들이 제가 사역하면서 돈을 안 받는 것을 못마땅하게 여깁니다. 제 사역은 전적으로 보냄을 받은 자… 하나님께서 이방인들에게 보내신 자의 사역입니다. 그런데 저들은 제가 돈을 안 받는다는 이유로 제가 전하는 모든 것을 무시합니다." 바울은 이러한 아이러니에 웃음을 터트렸다.

"저들은 제 삶에서 비난할 거리를 찾는 데 혈안이 되어 있습니다. 하지만 돈을 받지 않는 것을 걸고넘어지다니! 저는 아직도 이해가 안 됩니다." 바울은 잠시 허공을 쳐다보더니 이렇게 덧붙였다.

"블라스티니우스가 처음 제 삶에 들어왔을 때 저는 엄청나게 고통스러웠습니다. 그러나 주님께서 그 고통에서 저를 구해주셨습니다. 지금은 마음이 편안합니다. 하나님이 그를 제게 보내셨다는 것을 깨달았기 때문입니다."

바울은 얼굴을 찡그리며 말했다.

"하지만… 돈을 안 받는다고…."

그는 화가 났는지 두 손을 뿌리쳤다. 그러더니 다시 침묵에 잠겼으나 잠시 후 이렇게 말했다.

"아직도 저를 괴롭히는 것은 이들이 저를 가리켜 교육도 제대로 받지 못한 사람이라고 말하며 다닌다는 것입니다!"

방에 모여 있던 사람들은 세상에서 바울만큼 역사와 철학과 문화와 그 외 많은 것에 대해 잘 아는 사람도 없으리라는 것을 알고 있었다. 바리새인이나 사두개인이나 서기관 중에서 바울만큼 고대 히브리어 성경을 잘 아는 사람도 없었다. 그러니 바울은 제대로 교육을 못 받았다는 말을 들을 때 무척이나 속이 상했을 것이다.

여기서 나는 바울이 단지 아주 유식한 사람 이상이라는 것을 덧붙이고 싶다. 그는 내주하시는 그리스도의 계시를 받은 사람이었다. 그가 받은 계시는 감히 말하자면 열두 제자가 받은 계시를 능가하는 것이었다. 열두 제자는 그리스도와 매우 가까웠다. 그러나 바울은 승천하여 보좌에 앉으신 그리스도, 우리 안에 내주하시는 그리스도와 매우 가까웠다.

그때 바울은 다시 디디오 쪽으로 고개를 돌렸다. 그는 방에 모인 모든 사람들에게 자신이 겪은 놀라운 일들을 계속 들려주었다.

바울은 가장 최근에 일어난 일 가운데 하나를 소개하면서 디도의 행방불명을 암시하는 내용으로 편지를 이어갔다.

내가 그리스도의 기쁜 소식을 전하려고 드로아에 갔을 때 주님을 위해서 일할 좋은 기회가 있었습니다. 그러나 내 형제 디도를 만나지 못하여 편치 못한 마음으로 그들과 작별하고 마케도니아로 갔습니다.

바울은 잠시 디도와 고린도 교회에 대해 하나님께 감사했다. 그런 후, 번뜩이는 눈으로 말했다.

"편지에 대해 말할 사람은 블라스티니우스가 아니라 접니다. 블라스티니우스는 편지, 즉 추천장을 갖는 것을 아주 중요하게 여겼습니다! 이제 이 문제 대해 말하겠습니다."

바울은 이렇게 말한 후, 바울에게 추천장이 없다는 것을 아주 교묘하게 문제 삼았던 블라스티니우스에 대해 이야기하기 시작했다.

우리가 우리 자신을 다시 추천한다고 생각하십니까? 우리가 다른 어떤 사람들처럼 여러분에게 추천장을 보내거나 여러분에게서 추천장을 받을 필요가 있겠습니까? 여러분은 우리 마음에 기록되어 있고 모든 사람이 알고 읽는 우리의 편지입니다. 그리고 여러분은 우리 사역의 결과로 나타난 그리스도의 편지라는 것이 명백해졌습니다. 이 편지는 먹으로 쓴 것이 아니라 살아 계신 하나님의 성령으로 쓴 것이며 돌판에 새긴 것이 아니라 사람의 마음속에 새겨진 것입니다.

우리는 이와 같은 확신을 그리스도를 통해 하나님 앞에서 갖게 된 것입니다. 우리는 무슨 일이나 우리 자신이 하는 것처럼 생각할 자격이 없습니다. 그런 능력은 하나님께서 주시는 것입니다. 하나님은 우리를 새 계약의 일꾼으로 삼으셨는데 율법의 종이 아니라 성령님의 종이 되게 하신 것입니다. 율법은 죽음을 가져오지만 성령님은 생명을 주십니다.

바울의 말이 끝났을 때, 나는 숨을 죽였다. 다른 사람들도 마찬가지였다. 바울은 율법의 문자라는 개념을 취해 성령의 편지⋯ 살아 있는 편지⋯ 신자들의 모임과 비교했다.

그런 후, 그는 블라스티니우스가 제기한 또 다른 문제, 하나님이 모세에게 주신 언약의 우월성에 대한 문제를 다루었다. 바울은 사람들이 모세의 글을 읽을 때 베일이 그들의 마음과 눈을 가리지만 그들이 그리스도께 향할 때 그 베일이 어떻게 제거되는지를 이야기하면서 더디오에게 그대로 기록하게 했다.

바울은 계속해서 "우리"(we)라는 단어를 사용했으나 내 귀에는 모두 "나"(I)라는 말로 들렸다. 바울의 "우리"는 바울 자신을 가리키는 것이었다. 나는 그 누구도 속이려 하지 않으며, 나는 하나님의 말씀을 왜곡하지 않는다는 말로 들렸다.

그 후, 바울은 베일에 가려진 눈, 하나님의 형상이신 그리스도의 영광을 보지 못하는 눈에 대해 말했다. 그 다음에는 블라스티니우스에 대해 또 한 번 둘러서 말했다. 블라스티니우스는 자기 자신과 율법과 그가 받은 추천서와 자신이 받은 교육을 자주 자랑했기 때문이었다. 블라스티니우스의 이러한 자랑 때문에 몇몇 신자들이 바울에게 사역자의 자격이 있는지 의심하게 되었다.

> 우리는 우리 자신을 전파하는 것이 아니라 예수 그리스도가 주님이 되신다는 것과 우리는 예수님을 위한 여러분의 종이라는 것을 전파하고 있습니다.

그 후 잠시 동안, 바울은 매우 어조가 강했으나 그의 말은 고린도의 교회를 주 예수께로 되돌려 놓았다.

그때부터, 바울은 "우리"라는 복수형만 사용했다. 왜 이렇게 했는가? 바울은 "우리"라는 말 속에 실라의 고난과 디모데의 충성을 포함시키고 있었다. 혹 어쩌면 바울은 "나"라고 말할 수 없었을 뿐인지도 모른다.

어떤 이유든 간에, 진실은 "우리"가 실제로는 "나"였다는 것이다.

조금씩 바울은 자신이 겪은 일을 보다 자세히 이야기했다.

우리가 모든 일에 괴로움을 당해도 꺾이지 않으며 난처한 일을 당해도 실망하지 않고 핍박을 받아도 버림을 당하지 않으며 맞서서 쓰러져도 죽지 않습니다. 우리가 이렇게 항상 예수님의 죽으심을 몸소 체험하는 것은 예수님의 생명이 우리 몸에 나타나게 하려는 것입니다.

살아 있는 우리가 예수님을 위해 항상 죽을 위험을 당하는 것은 우리의 죽을 몸에 그의 생명이 나타날 수 있도록 하기 위한 것입니다. 그러므로 우리는 죽을 위험을 당하지만 여러분은 영원한 생명을 얻게 되었습니다.

바울이 고린도의 성도들에게 비난에 대한 자신의 태도를, 자신이 겪은 많은 어려움에 대한 자신의 태도를 보여주는 동시에 말은 하지 않지만 고린도의 성도들의 조급함을 일깨우고 있는 게 분명했다. 그들은 쉽게 싸웠고, 쉽게 상처받았으며, 그들도 이런 사실을 잘 알고 있었다.

우리가 잠시 받는 가벼운 고난은 그 무엇과도 비교될 수 없는 크고 엄청난, 영원한 영광을 우리에게 가져다 줄 것입니다.

바울의 말이 기록될 때, 바울의 삶의 보다 세세한 부분들이 드러나고 있었다.

나는 그 다음 말을 들으면서 얼마나 감동했는지 모른다. 여기서 바울은 자신이 죽을 고비를 계속 맞았지만 그런 가운데서도 주 예수님께 영광을 돌렸다고 고백했다. 무엇보다도 한 가지가 분명해졌다. 이 사람은 죽음을 두려워하지 않았다.

우리가 확신하고 원하는 것은 차라리 몸을 떠나 주님과 함께 사는 그것입니다.

바울은 잠시 멈추었다. 그는 조금 흥분해 있었다.
"제가 자랑을 하고 있는 것입니까?" 바울이 고린도의 성도들에게 질문을 던졌다.
"아닙니다. 제가 여러분에게 말하는 것은 여러분이 여러분 가운데 일하시는 분을 자랑하게 하기 위해서입니다."
바울은 다시 "우리"라는 단어를 사용했으나 내게는 계속 "바울"을 의미하는 것으로 들렸다.

우리가 미쳤어도 하나님을 위한 것이며,

바울은 이렇게 말한 후 곧바로 덧붙였다.

정신이 온전하여도 여러분을 위한 것입니다. 이것은 그리스도의 사랑이 우리를 지배하고 있기 때문입니다. 한 사람이 모든 사람을 대신하여 죽었으므로 모든 사람이 죽은 것이라고 우리는 확신합니다.

"정신이 온전하여도 여러분을 위한 것입니다. 이것은 그리스도의 사랑이 우리를 지배하고 있기 때문입니다."

바울은 목소리를 낮춘 채 말했다.

이전처럼, 바울의 생각은 주님의 영광으로 옮겨 갔으며, 그래서 그는 이렇게 끝을 맺었다.

하나님이 죄를 알지도 못하신 그리스도에게 우리 죄를 대신 지우신 것은 우리가 그리스도 안에서 하나님에게 의롭다는 인정을 받도록 하기 위한 것입니다.

잠시 침묵이 흘렀다. 그때 침묵을 깬 것은 나, 브리스길라였다.

"바울 형제님, 편지 어디쯤에선 형제님이 건넜던 깊은 물에 대해 훨씬 구체적으로 언급하셔야 하지 않을까요? 지금까지 형제님은 그리스도 안에서 겪은 고난을 개괄적으로만 소개했을 뿐입니다. 그러니 좀 더 구체적으로 말씀해 주십시오."

그때 갑자기 디모데가 끼어들었다.

"저도 자매님과 같은 생각입니다. 실라 형제님이 여기 계시다면 저희와 같은 생각일 겁니다. 형제님은 갈라디아나 북부 헬라나 남부 헬라에 복음을 전하는 중에 겪은 일을 자세히 들려주신 적이 전혀 없었습니다. 고린도의 성도들도 형제님이 그들에게 복음을 전하기 위해 어떤 희생을 치렀는지 전혀 모르고 있습니다."

바울의 뺨에 눈물이 흘러 내렸다.

"저도 이 문제를 놓고 고민했습니다. 그들을 위해서라면 몇 마디 해야겠죠?"

그러나 바울이 마침내 자신의 마음을 완전히 연 것은 편지를 시작하고 대여섯 페이지가 지나간 후였다. 그가 마음을 열고 한 말은 그의 편지 가운데서 가장 아름다운 부분이었다.

우리 직분이 비난을 받지 않기 위해서 우리는 아무에게도 거치는 장애물이 되지 않도록 노력하고 있습니다. 오히려 우리는 모든 일에 하나님의 진실한 일꾼임을 보이려고 많은 고난과 어려움과 괴로움을 견디며 두들겨 맞고 갇히기도 하며 난폭한 사람들에게 에워싸이기도 하고 고된 일에 시달리며 잠도 못 자고 굶주려 왔습니다. 그런 가운데서도 우리는 순결과 지식과 인내와 친절과 성령님의 감화와 거짓 없는 사랑과 진리의 말씀과 하나님의 능력으로 살아왔습니다. 그리고 언제나 정의를 무기로 삼고 영광을 얻든 수치를 당하든, 욕을 얻어먹든 칭찬을 받든 항상 하나님의 일꾼임을 보여 주었습니다. 우리가 사기꾼과 같은 취급을 받지만 사실은 진실하며 알려지지 않은 것 같지만 모든 사람에게 알려졌습니다. 우리가 다 죽어가는 사람 같지만 이렇게 살아 있으며 매를 많이 맞았으나 죽지 않았습니다. 우리는 슬퍼하는 사람 같지만 항상 기뻐하고 가난한 사람 같지만 많은 사람을 부요하게 하며 아무것도 없는 사람 같지만 모든 것을 소유한 사람들입니다.

고린도 사람 여러분, 우리는 여러분에게 숨김없이 말하였고 여러분을 향해 우리 마음을 넓게 열어 놓았습니다. 우리가 여러분에게 마음을 닫은 것이 아니라 여러분이 우리에게 마음을 닫은 것입니다. 내가 자녀들에게 말하듯이 권합니다. 여러분도 보답하는 셈 치고 마음을 넓히십시오.

방에 있던 우리가 보기에 바울은 자신이 하고 있는 것에 대해 매우 불편해 하고 있는 게 분명했다. 그럼에도 불구하고, 그는 위엄을 갖고 선포했다.

바울은 고린도의 성도들에게 자신이 그들에게 돌아갈 수 있도록, 단지 돌아가는 데 그치는 게 아니라 첫 번째 방문 때처럼 그들의 환영을 받을 수 있도록 마음을 열어달라고 호소하기 시작했다.

그때 디모데가 끼어들어 말했다.

"바울 형제님, 디도에 관한 이야기로 돌아가셔야 합니다. 조금 전에 형제님은 드로아에서 디도가 없어진 것을 알았을 때 겪은 고통에 대해 암시만하고 끝내셨거든요. 형제님이 디도가 죽었다고 생각했던 그 절망스러웠던 날들에 대한 이야기를 많이 빼먹으셨습니다."

그러자 바울이 디도를 보며 말했다.

"맞네, 나는 이곳 빌립보에 도착했을 때 자네가 죽은 게 틀림없다고 생각했네. 그래서 나는 내 안에서 이미 자네를 묻어 버렸다네."

우리는 모두 웃음을 터트렸다. 그러나 누구보다도 디도가 더 크게 웃었다.

"알겠네. 그때 얘기를 다 해 주겠네." 바울이 말했다.

우리가 마케도니아에 갔을 때에도 우리 몸이 편치 않았지만 가는 곳마다 어려움을 당해 밖으로는 다툼이 있었고 안으로는 두려움이 있었습니다. 그러나 낙심한 사람을 위로하시는 하나님은 디도를 보내 우리에게 용기를 주셨습니다. 이뿐 아니라 여러분이 그를 위로해 주었다는 말을 듣고 우리도 큰 위로를 받았습니다. 또 우리는 여러분이 나를 그리워하고 깊이 뉘우치며 나를 위해 열심을 내고 있다는 말을 디도에게서 듣고 더욱 기뻤습니다.

내가 편지로 여러분을 마음 아프게 했다 하더라도 나는 그것을 후회하지 않습니다. 잠시나마 그 편지가 여러분을 근심하게 한 것을 알고 후회하기도 했으나 지금은 오히려 기뻐합니다. 그것은 여러분이 근심했기 때문이 아니라 그 일로 회개하였기 때문입니다. 여러분이 근심한 것도 하나님의 뜻대로 된 것이므로 우리 때문에 손해 본 것은 없습니다. 하나님의 뜻대로 하는 근심은 죄를 뉘우치고 구원에 이르게 하므로 후회할 필요가 없습니다. 그러나 세상 근심은 죽음을 가져올 뿐입니다.

이때 바울은 고린도 교회가 디도를 받아들인 것이 기쁜 나머지 빠른 속도로 이야기를 쏟아냈는데 다행히 더디오는 이러한 바울의 속도를 따라갈 수 있었다. 디도는 바울이 이 이야기의 긍정적인 면을 자세히 말할 때 깊은 감동을 받은 것 같았다.

이것으로 우리는 많은 위로를 받았습니다. 우리는 이 위로 외에도 디도가 기뻐하는 것을 보고 무척 기뻤습니다. 이것은 그가 여러분을 통해 새로운 힘을 얻었기 때문입니다. 내가 디도에게 여러분을 자랑한 적이 있는데 여러분은 나를 실망시키지 않았습니다. 우리가 여러분에게 말한 모든 것이 사실이었던 것처럼 우리가 디도에게 여러분을 자랑한 것도 진실한 것임이 드러났습니다. 디도는 여러분이 모두 순종하여 두려움과 존경하는 마음으로 자기를 맞아준 것을 기억하며 여러분을 더욱더 사랑하고 있습니다. 나도 이제 여러분을 완전히 신뢰할 수 있게 되어 기쁩니다.

늦은 오후였다. 나는 루디아와 함께 슬며시 방을 빠져나왔다.
"바울 형제님이 좀 쉬어야 할 것 같습니다." 내가 루디아에게 말했다.
"하인들이 음식을 준비하고 있습니다." 루디아가 말했다.
"제 생각으로 편지 쓰는 일이 밤새 계속될 것 같습니다. 그러나 바울 형제님이 잠시 쉬면서 힘을 충전하시게 합시다."
그래서 루디아가 다시 바울의 방으로 들어가 루디아만 할 수 있는 어투로 말했다.
"바울 형제님, 음식이 준비되었습니다. 어서 오세요."
바울은 오래 전에 이 자매에게 순종하는 법을 배웠다. 그는 자리에서 일어났다.
"형제들, 음식이 준비되었네. 먹고 나서 계속하세. 가장 좋은 것은 마지막을 위해 아껴 두었네!"

10
고린도 교회에 두 번째 편지를 쓰다 (3)

"베드로 형제님과 제가 이스라엘의 가뭄에 대해 이야기를 나눈 것은 여러 해 전이었습니다." 우리가 음식을 먹으려고 앉았을 때 바울이 말했다.

"제가 예루살렘을 위한 헌금에 대해 가장 먼저 말한 것은 고린도 교회에서였습니다. 고린도의 성도들은 너무나 자발적으로 도우려 했습니다. 적어도 그때는 그랬습니다! 그들의 마음이 지금도 그때와 같은지 궁금합니다." 바울이 차분하게 말했다. "디도 형제, 지금 예루살렘을 위한 헌금에 대해 고린도 교회의 태도가 어떤지 여기 모인 사람들에게 말해 줄 수 있겠나?"

"제가 그들이 이전에 헌금을 보내려 했던 계획에 관해 그들에게 말했을 때 그들은 긍정적인 반응을 보였을 뿐 아니라 실제로 자신들이 유대의 교회를 위해 헌금할 수 있도록 해달라고 간청하기까지 했습니다." 디도가 말했다.

"저는 그들이 자랑스럽습니다." 바울이 만족한 표정으로 말했다. "식사가 끝나면 바로 이 문제를 다룰 것입니다. 그런 다음에는 나의 바리새인 친구에 대해 몇 마디 언급할 것입니다."

우리는 자기 방으로 돌아가는 지칠 줄 모르는 바울을 따라가면서 큰 기대에 젖었다. 바울은 눈동자를 이리저리 굴리더니 이야기를 계속했고, 더디오가 모두 받아 적었다.

형제 여러분, 우리는 하나님께서 마케도니아 여러 교회에 베푸신 큰 은혜를 여러분에게도 알리려고 합니다. 그들은 온갖 어려운 시련과 가난에 쪼들리면서도 오히려 넘치는 기쁨으로 헌금을 많이 하였습니다.

우리는 바울이 무엇을 하고 있는지 즉시 알 수 있었다. 바울은 북부 헬라에 있는 교회들이 자발적으로 한 많은 헌금을 말함으로써 남부 헬라의 고린도 교회를 독려하고 있었다.

나는 그들이 힘껏 헌금했을 뿐만 아니라 오히려 힘에 겹도록 헌금했다고 자신 있게 말할 수 있습니다. 그들은 예루살렘에 있는 성도들을 돕는 일에 참여하게 해 달라고 우리에게 여러 차례 부탁했습니다. 그리고 그들은 우리의 기대 이상으로 먼저 자신들을 주님께 바치고 또한 하나님의 뜻을 따라서 우리에게도 헌신했습니다.

그래서 우리는 디도가 이미 여러분 가운데서 시작한 이 은혜로운 일을 계속하여 끝내도록 격려했습니다. 여러분이 믿음과 말과 지식과 열심과 우리를 사랑하는 이 모든 일에 풍성한 것처럼 헌금하는 이 은혜로운 일에도 그렇게 해 주십시오. 내가 이것을 명령하는 것이 아닙니다. 다만 다른 사람들의 열심과 비교하여 여러분의 사랑이 얼마나 진실한가를 알아보려는 것뿐입니다.

여러분은 우리 주 예수 그리스도의 은혜를 알고 있습니다. 그리스도께서는 부요하셨지만 여러분을 위해 가난하게 되신 것은 그분의 가난을 통해서 여러분이 부요해지도록 하기 위해서였습니다. 헌금하는 이 문제에 대해서 내 의견은 이렇습니다. 이 일은 여러분이 지난해부터 남보다 먼저 시작한 일이니 이제 그 일을 끝내십시오. 여러분이 원해서 시작한 일이니까 여러분의 힘으로 그 일을 끝낼 수 있을 것입니다. 여러분에게 바치고 싶은 마음만 있으면 하나님은 여러분이 가진 대로 받을 것이며 없는 것을 받지는 않으실 것입니다. 내가 여러분에게 짐을 지우면서 다른 사람을 편안하게 하려는 것이 아니라 골고루 나누어 갖게 하려는 것입니다. 지금 넉넉하게 사는 여러분이 가난한 사람들을 도와준다면 그들도 넉넉할 때에 여러분을 도와줄 것입니다. 그렇게 되면 결국 서로 도움을 받게 됩니다. 성경에도 많이 거둔 사람도 남은 것이 없었고 적게 거둔 사람도 부족함이 없었다라고 쓰여 있습니다.

바울은 잠시 받아쓰기를 중단시키더니 감격한 목소리로 말했다.

"이제 고린도의 성도들에게 디도가 그들에게 돌아갈 것이라고 말해야겠습니다."

"디도 형제와 먼저 의논하지 않으실 겁니까?" 디모데가 물었다.

"디도 형제에게는 이미 말했네. 디도 형제도 고린도로 돌아가고 싶어 좀이 쑤신다네." 바울이 웃으며 말했다.

"그랬군요!" 디모데가 디도의 옆구리를 쿡 찌르며 말했다.

"디모데 형제, 시기하시는군요!" 디도가 뒤로 물러나며 말했다.

"디모데 형제도 기억하시죠? 바울 형제님이 가장 먼저 보낸 게 바로 디모데 형제였잖아요."

"그만들 하게!" 바울이 둘을 떼어 놓으며 말했다.

"더디오 형제?"

"예, 준비됐습니다."

여러분을 위하여 내가 가진 것과 같은 열심을 디도에게도 주신 하나님께 감사를 드립니다. 그는 우리 부탁을 기꺼이 받아들였을 뿐만 아니라 열렬한 마음으로 자진해서 여러분에게 가기로 했습니다. 그리고 우리는 디도와 함께 한 형제를 보냅니다. 그는 기쁜 소식을 전하는 일로 모든 교회에서 칭찬을 받는 사람입니다. 더구나 그는 우리가 주님께 영광을 돌리고 돕고자 하는 우리의 열심을 보이려고 이 사랑의 헌금을 가지고 갈 때 우리와 동행하도록 여러 교회가 뽑은 사람입니다. 우리는 이 거액의 헌금을 다루는 데 있어서 아무에게도 비난을 받지 않으려고 조심하고 있습니다. 이처럼 우리는 주님 앞에서뿐만 아니라 사람 앞에서도 옳은 일을 하려고 노력합니다.

그들과 함께 또 다른 한 형제를 보냅니다. 우리가 그를 여러 번 시험해 보았지만 모든 일에 열심이 대단했습니다. 이제 그는 여러분을 크게 신뢰하고 있기 때문에 더욱 열심을 내고 있습니다. 디도에 대해서 말한다면 그는 여러분을 위해 나와 함께 일하는 일꾼이며 동료입니다. 그리고 그와 함께 가는 형제들은 그리스도의 영광을 드러낼 교회의 대표자들입니다. 그러므로 그들에게 사랑을 베푸십시오. 그러면 모든 교회가 여러분에 대하여 우리가 자랑한 이유를 알게 될 것입니다.

다음으로 바울은 자신이 편지를 쓸 때 아주 자주 하던 것을 했다. 그는 앞에서 다뤘던 헌금(giving)이라는 주제로 다시 되돌아갔다.

성도들을 돕는 일에 대해서는 내가 다시 여러분에게 말할 필요가 없습니다. 나는 여러분의 열심을 잘 알기 때문에 여러분이 지난해부터 이 일을 준비했다고 마케도니아 사람들에게 자랑까지 했습니다. 그래서 많은 사람들이 여러분의 열심에 대해서 듣고 자극을 받아 헌금을 하게 되었습니다.

이때 바울은 깜짝 놀랄 만한 이야기를 했다. 그것은 디도를 고린도에 다시 돌려보낼 뿐 아니라 누가도 함께 보낼 것이라는 이야기였다. 내가 놀란 이유가 궁금하다면 설명을 해야겠다.

누가와 디도가 함께 간다? 방에 모인 모든 사람들이 누가가 디도를 보조한다는 생각에 웃음을 터트리거나 미소를 지었다. 우리가 놀라는 데는 그만한 이유가 있었다. 어린 조카 디도가 자신을 제외한 나머지 사람들이 생각하는 것만큼 재능과 능력을 갖추었다고 믿는다는 게 누가에게는 결코 쉽지 않았을 것이다. 그런데 이제 바울은 누가를 보내 그의 조카를 돕게 하려 했다!

누가는 자신을 보내 디도를 돕게 한다는 말에 틀림없이 마음이 언짢았을 것이다. (불과 3년 후, 누가는 사도들의 역사와 그들이 세운 교회들의 역사를 기록하기 시작했다. 누가는 28장으로 구성된 이 기록에서 디도를 단 한 번도 언급하지 않았다.)

바울은 헌금에 관한 두 번째 언급을 이렇게 마무리했다.

여러분이 하고 있는 이 봉사의 직무는 여러분의 고백처럼 여러분이 그리스도의 복음에 순종하고 있다는 것과 그들뿐만 아니라 모든 사람에게 여러분이 후한 헌금을 한다는 증거가 되어 그들이 하나님을 찬양하게 될 것입니다. 그리고 그들은 여러분에게 주신 하나님의 넘치는 은혜를 보고 깊은 애정을 가지고 여러분을 위해 기도할 것입니다. 말로 다 할 수 없는 선물을 주시는 하나님께 감사를 드립니다.

바울의 마음에는 예루살렘의 가난한 성도들을 도우려는 뜨거운 열정이 있었던 게 분명했다. 그러나 바울이 예루살렘을 위해 헌금을 모으는 데는 또 다른 이유가 있었다. 그는 두 번째 이유를 굳이 숨기려하지 않았다. 이스라엘에는 소요가 일어나고 있었다. 로마에 대한 반감이 이스라엘 전역에 고조되고 있었다. 게다가 도처에 반란이 일었다는 소문도 돌고 있었다. 이러한 반(反)로마 감정은 다소간 모든 이방 신자들에 대한 비난으로 이어졌다.

어떤 유대인들은 아직도 이방 교회라는 개념을, 특히 바울이 세운 이방 교회들을 받아들일 수 없었다. 많은 유대인들이 무할례자들이 메시아를 믿는다고 생각하는 것은 신성모독과 다를 바 없다고 생각했다.

바울은 이방인 신자들이 예루살렘의 가난한 성도들을 도우려고 헌금을 많이 보내면, 가장 회의적인 예루살렘 사람들도 감격하리라는 것을 알고 있었다.

우리 모두 바울이 새로운 주제를 다루려 한다는 것을 어느 정도 느꼈다. 이것을 알아차린 디모데가 기회를 틈타 바울에게 말했다.

"바울 형제님, 형제님이 고린도에 이르면 그곳 성도들 가운데 형제님을 반대하는 사람들도 있을 것입니다. 그들은 기분 상한 얼굴로 침묵한 채 앉아 있지만은 않을 것입니다. 그렇더라도 형제님의 사도성에 대해 좀 더 직접적으로 언급하십시오. 그들 모두 주님께서 형제님에게 주신 권위에 대해서 들어야 할 필요가 있습니다. 바울 형제님, 전체적인 이야기를 다시 한 번 해주십시오. 부탁입니다."

디도도 디모데의 생각에 동의했다.

"형제님은 이번 편지에서 어느 때보다 개인적인 것을 많이 말씀하셨습니다. 하지만 제가 부탁드리고 싶은 것은 형제님이 갈라디아와 북부 헬라와 소아시아에서 겪는 고난을 고린도의 형제자매들에게 알려드리라는 것입니다. 그리고 구브로도 잊지 마십시오."

"수리아도요!" 디모데가 거들었다.

"어리석은 짓 같은데…." 바울이 조용히 대답했다.

"그렇다면 어리석은 짓을 하십시오!" 디도가 강한 어조로 바울에게 다시 권했다.

바울은 고집이 센 사람이었다. 나는 바울이 고집이 센 것은 세상을 사는 동안 견뎌야 했던 온갖 것 때문이라고 생각한다. 그러나 나는 형제들이 바울에게 확실하게 말할 때는 바울이 그들의 말을 따르는 것도 많이 보았다. 이날은 디도가 바울에게 이런 역할을 했다.

거의 자정이 가까웠다. 그러나 바울은 편지를 끝까지 쓸 생각인 것 같았다.

"알았네. 내가 바보가 되겠네!" 바울이 말했다.

"잘 하셨습니다!" 내가 손뼉을 치며 말했다.

바울은 자신의 삶과 사역을 놀랍게 변호하기 시작했다.

"주님께서는 이방인들 가운데 교회를 세우라고 저를 보내셨습니다."

그는 자신에 대한 변호를 시작하기 전에 이렇게 중얼거렸다.

바울과 그의 동역자들이 항상 직면했던 가장 큰 문제는 "바울이 누구인가?"라는 질문이었다. 바울은 너무나 많은 사람들에게 너무나 많은 공격을 받았다. 그 결과 많은 이방인들이 항상 공격 받는 바울을 불신하게 되었고 이 때문에 교회를 떠났다. 그러나 이들의 이러한 행동은 자신들이 바울에 대해 눈으로 직접 본 게 아니라 들은 것에 근거한 것일 뿐이었다.

바울이 문제가 됐다. 항상 그가 문제가 됐다. 내가 바울에 관해 가장 잘 기억하는 말이 있는데, 바울이 자신에 관해 한 말이기도 하다.

"나는 어떤 사람들에게는 죽음의 향기요 어떤 사람들에게는 생명의 향기입니다."

바울이 로마에서 목이 잘린 후, 그의 자리를 대신한 젊은 형제들도 곧 그와 똑같은 문제에 직면했다. 사람들은 계속해서 이들에게 물었다.

"디모데가 누굽니까? 디도가 누굽니까? 아리스다고가 누굽니까? 소바더가 누굽니까? 가이오가 누굽니까? 도대체 이들은 무슨 권세로 이런 일들을 합니까? 이들이 도대체 무슨 권세로 전하는 겁니까?"

이 부분이 열두 제자들에게는 전혀 문제가 되지 않았다. 예수님이 친히 이들을 선택하셨기 때문이다. 예수님이 이들을 훈련시키셨고 이들을 파송하셨다. 그러나 바울과 여덟(바울이 훈련시킨 여덟 제자 – 역자주) 명에 관해서는 이들이 살아 있는 동안 논쟁이 끊이지 않았다. (이러한 논쟁은 지금까지도 계속되고 있으며, 몇 세대 후에도 계속될 것이다.)

루디아의 집에서, 24년간 예수님의 제자로 살았던 바울이 마침내 자신을 비난하는 자들에게, 그것도 강력하게 대응했다.

(나, 브리스길라는 바울이 하는 말을 들은 모든 사람들이 그가 고린도에 보내는 이 편지를 구해 이 페이지를 찾아 우리 형제 바울이 뭐라고 썼는지 읽어보길 바란다. 바울과 동료들을 비난하는 사람들이 정말 바울이 누구인지 알길 바란다.)

이렇게 해서 자신의 고난과 승리에 대한 바울의 이야기 가운데 핵심적인 부분이 시작되었다.

여러분은 내가 좀 어리석어 보이더라도 참고 내 말을 들어 주십시오. 나는 하나님이 여러분을 시기하듯이 여러분을 시기하고 있습니다. 이것은 내가 여러분을 순결한 처녀로 한 남편인 그리스도께 드리려고 약혼을 시켰기 때문입니다. 그러나 이브가 뱀의 간사한 거짓말에 속아 넘어간 것처럼 여러분의 마음이 부패하여 그리스도에 대한 진실과 순결을 저버리지나 않을까 염려가 됩니다. 그것은 누가 여러분에게 와서 우리가 전하지 않은 다른 예수나 여러분이 받지 않은 다른 영이나 다른 복음을 전할 때 여러분이 너무도 쉽게 받아들이기 때문입니다. 나는 저 위대하다는 사도들보다 조금도 부족하지 않다고 생각합니다. 내가 말재주는 별로 없으나 지식에서는 그렇지 않다는 것을 모든 면에서 여러분에게 보여 주었습니다.

내가 여러분을 높이려고 나를 낮추어 하나님의 기쁜 소식을 값없이 전한 것이 죄였단 말입니까? 내가 여러분을 위해 봉사할 때 다른 교회들이 내 생활비를 담당해 주었습니다. 말하자면 다른 교회의 원조로 여러분을 도운 셈입니다. 나는 여러분과 함께 있을 때 생활이 어려웠지만 아무에게도 신세를 지지 않았습니다. 그것은 마케도니아에서 온 형제들이 내가 필요로 하는 것을 채워 주었기 때문입니다. 나는 모든 일에 여러분에게 짐이 되지 않았으며 앞으로도 그럴 것입니다. 내 속에 그리스도의 진실을 두고 말하지만 아가야 지방에서는 아무도 나의 이 자랑을 막지 못할 것입니다. 왜 그렇습니까? 내가 여러분을 사랑하지 않기 때문입니까? 결코 그렇지 않습니다. 내가 여러분을 사랑한다는 것은 하나님도 알고 계십니다.

나는 지금까지 해 온 일을 그대로 계속 밀고 나가겠습니다. 이것은 거짓 사도들이 노리는 기회를 주지 않고 그들도 우리처럼 보수를 받지 않고 일하는 것을 자랑하도록 하기 위한 것입니다. 그들은 거짓되고 속이며 자기를 그리스도의 사도로 가장하는 사람들입니다. 이것은 이상한 일이 아닙니다. 사탄도 자기를 빛의 천사로 가장합니다. 그러므로 사탄의 종들이 의의 종으로 가장한다고 해서 놀랄 것은 없습니다. 결국 그들의 마지막은 자기들의 행위대로 될 것입니다.

거듭 말하지만 누구든지 나를 어리석은 사람으로 생각하지 마십시오. 만일 여러분이 나를 어리석은 사람으로 생각하더라도 어리석은 사람 그대로 나를 받아 내가 조금이라도 자랑할 수 있게 해 주십시오. 내가 지금 말하는 것은 주님이 시켜서 하는 말이 아니라 그저 어리석은 사람처럼 자랑하는 말에 지나지 않습니다. 많은 사람들이 육적인 것으로 자랑하므로 나도 자랑하겠습니다. 지혜롭다는 여러분은 어리석은 사람들을 잘 용납하고 있습니다. 누가 여러분을 종으로 삼거나 착취하거나 이용하거나 여러분에게 거만을 떨거나 여러분의 뺨을 쳐도 여러분은 잘 참고 견딥니다. 부끄럽긴 하지만 우리는 너무 약해서 차마 그런 짓은 할 수 없음을 인정합니다.

그러나 누가 무엇을 자랑한다면 나도 어리석은 자랑을 좀 하겠습니다. 그들이 히브리 사람입니까? 나도 히브리 사람입니다. 그들이 이스라엘 사람입니까? 나도 이스라엘 사람입니다. 그들이 아브라함의 후손입니까? 나도 아브라함의 후손입니다. 그들이 그리스도의 일꾼입니까? 나를 정신병자로 보겠지만 나는 더욱 그렇습니다. 나는 그들보다 더 많이 수고하였으며 여러 번 갇혔고 매도 수없이 맞았으며 죽을 고비도 여러 번 겪었습니다. 나는 유대인들에게 39대의 매를 다섯 번이나 맞았습니다. 또 세 번이나 몽둥이로 맞았고 한 번은 돌에 맞았으며 세 번이나 파선하였고 밤낮 하루를 꼬박 바다에서 헤맨 일도 있었습니다. 나는 여러 번 여행하면서 강의 위험과 강도의 위험과 동족의 위험과 이방인들의 위험과 도시의 위험과 광야의 위험과 바다의 위험과 거짓 신자들의 위험을 당했습니다. 또 수고하고 애쓰며 뜬눈으로 밤을 지새운 적도 여러 번이었고 주리고 목마르며 수없이 굶고 추위에 떨며 헐벗기도 하였습니다. 이런 일 외에도 날마다 여러 교회에 대한 염려 때문에 내 마음은 무거웠습니다. 누가 약해지면 내 마음도 약해진 기분이었고 누가 죄를 지으면 내 마음도 아팠습니다.

내가 꼭 자랑해야 한다면 내 약한 것이나 자랑하겠습니다. 길이길이 찬송을 받으실 주 예수님의 아버지 하나님은 내가 거짓말하지 않음을 알고 계십니다. 다마스커스에서 아레다왕의 장관이 나를 잡으려고 성문을 지킬 때 나는 창문으로 광주리를 타고 성벽을 내려가 도망친 일도 있었습니다.

방에 앉아 있는 모든 사람들이 넋을 잃었다. 나는 거의 숨도 쉬기 어려웠다. 내 두 뺨에 눈물이 흘러내리고 있었다. 나의 남편도 비슷한 상태였다. 루디아는 억제하지 못하고 흐느끼고 있었다. 마침내 우리는 바울이 교회를 세운 모든 곳에서 어떤 고난을 겪었는지 그에게서 직접 들었다.

바울은 물을 좀 달라고 했다. 어느 누구도 말을 하지 않았다. 단지 바울이 물을 들이키는 소리만 들릴 뿐이었다. 바울은 눈물이 가득한 눈으로 이야기를 계속했다.

자랑해서 이로울 것은 없으나…

바울은 아침에는 자신이 증거한 것을 이야기했다. 그리고 밤에는 그 누구도 들어보지 못한 자신의 이야기를 많이 털어놓았다. 고린도의 성도들도 분명히 우리만큼 놀랄 것이다.

주님께서 보여 주신 환상과 계시에 대해서는 내가 자랑하지 않을 수 없습니다. 나는 14년 전에 셋째 하늘에 이끌려 갔습니다. 그때 실제로 내 몸이 올라간 것인지 아니면 내 영이 몸을 떠나 올라간 것인지 나는 모르지만 하나님은 아십니다. 나는 낙원으로 이끌려 가서 도저히 표현할 수도 없고 또 누구에게도 알려서는 안 되는 말을 들었습니다. 이런 경험이야말로 큰 자랑거리가 되겠지만 나는 나의 약한 것만을 자랑하기로 했습니다.

바울은 방을 둘러보았다. 그리고 우리에게 말했다.

"제가 방금 말한 것은 특별히 자랑하기 위해서가 아닙니다. 저는 장점보다 약점이 훨씬 더 많은 사람입니다. 하나님이 아십니다. 그러나 제가 약하기 때문에 하나님은 저를 더 약하게 하셨습니다. 더욱이 제가 강한 부분에서는 하나님이 저를 꺾으셨습니다. 그분은 많고 많은 방법으로 이렇게 하셨습니다. 그러나 하나님이 제 삶에 보내신 사람, 저를 꺾으려고, 저에게 손해를 입히려고, 제가 실패하게 하려고 그 누구보다도 열심을 낸 사람이 있습니다."

나는 손으로 입을 가렸다. 바울이 블라스티니우스에 대한 침묵을 깨려 할 뿐 아니라 그로 인한 모든 것에 대해 하나님께 영광을 돌리려한다는 것을 확실히 알 수 있었다.

바울은 목이 메었다. 갑자기 바울은 자신의 옆구리를 움켜쥐었다. 그는 숨을 쉬기가 어려웠다. 이런 게 처음이 아니었다. 블라스티니우스가 그의 사역을 무너뜨리려 할 때마다 바울은 여러 번 자신의 옆구리를 움켜쥐었다.

잠시 시간이 흘렀다. 바울은 몸을 바로 펴고 전보다 더 집중해서 강한 어조로 말했다.

"제가 세상에서 가장 자랑하는 것은 하나님이 블라스티니우스 드라크라크마를 제 삶에 보내셨다는 것입니다."

바울이 이어서 한 말은 고린도의 모든 성도들이 확실히 이해할 수 있는 것이었다. 그들은 블라스티니우스를 만났고, 그가 고린도에서 바울을 무너뜨리려는 음모를 꾸미는 것을 보았다. 또한 블라스티니우스의 추종자들이 고린도 교회에 나타나기까지 했다. 고린도의 성도들은 이들이 바울을 얼마나 무자비하게 깎아내렸는지를 똑똑히 보았다.

그리고 처음이자 마지막으로… 바울은 자신의 큰 원수와 관련된 문제를 공개적으로 다루었다. 그러나 바울은 여기서도 블라스티니우스의 이름은 언급하지 않았다.

내가 만일 자랑한다고 해도 나는 사실을 말할 것이므로 어리석은 사람이 되지 않을 것입니다. 그러나 사람들이 나에 대하여 보고 들은 것 이상으로 나를 평가할 것 같아서 자랑은 그만두겠습니다. 그리고 내가 받은 계시가 너무나 크고 놀라운 것이기 때문에 하나님은 내가 너무 교만해질까봐 내 몸에 가시 같은 병을 주셨습니다. 이것은 내가 교만하지 않도록 나를 괴롭히는 사탄의 사자입니다.

나는 이 고통이 내게서 떠나게 해 달라고 세 번이나 주님께 기도하였습니다. 그러나 주님께서는 내 은혜가 너에게 충분하다. 내 능력은 약한 데서 완전해진다라고 말씀하셨습니다. 그러므로 나는 나의 약한 것을 더욱 기쁜 마음으로 자랑하여 그리스도의 능력이 나에게 머물러 있도록 하겠습니다. 그래서 나는 그리스도를 위해서 약해지고 모욕을 당하고 가난하며 핍박과 괴로움받는 것을 기뻐하고 있습니다. 이것은 내가 약할 그때에 강해지기 때문입니다.

내가 자랑함으로 어리석은 사람이 되었으나 이것은 여러분이 그렇게 하도록 만든 것입니다. 나는 당연히 여러분에게 칭찬을 받았어야 했습니다. 내가 비록 보잘것없는 사람이라 하더라도 저 위대하다는 사도들보다 조금도 못하지 않습니다. 내가 여러분 가운데서 모든 것을 참고 놀라운 일과 여러 가지 기적을 행한 것이 바로 내가 참 사도라는 것을 보여 주는 표인 것입니다. 내가 여러분에게 폐를 끼치지 않은 것을 제외하고 다른 교회에 비해 불공평하게 대한 것이 무엇입니까? 내가 여러분에게 부담을 주지 않은 이것이 잘못이라면 나를 용서해 주십시오.

"믿을 수가 없어."

디모데가 자신의 감정을 표현할 적절한 단어를 찾으면서 더듬거리듯 말했다.

"블라스티니우스 말이 맞았습니다. 형제님은 무게 있는 편지를 실제로 쓰실 수 있군요." 디도가 벽에 기대어 한숨을 쉬면서 말했다.

바울은 한 손을 들어 우리에게 하고 싶은 말이 있다는 표시를 했다.

"디도 형제, 자네는 고린도로 돌아가고 싶어 몸이 근질거린다고 했지? 자네의 담대하고 굳은 의지가 얼마나 고마운지 모르겠네. 자네가 이 편지를 고린도에 전해 주게. 내가 이미 말했듯이, 누가 형제님이 자네와 함께 갈 걸세. 고린도의 형제들이 이 편지를 읽고 나면, 내게 즉시 알려 주게."

"정말, 누가 삼촌도 함께 가는 건가요? 누가 삼촌은 저를 그다지 높게 평가하지 않거든요. 삼촌에게 저는 언제나 코를 흘리며 안디옥 거리를 뛰어다니던 어린 아이일 겁니다."

"맞는 말이네. 하지만 누가 형제님이 자네와 동행할 걸세." 바울이 부드럽지만 강한 어조로 말했다.

"그뿐 아니라 고린도의 성도들이 이 편지를 이겨낸다면, 내가 직접 그들에게 갈 걸세. 그러나 그들에게 내가 그곳에 오래 머물 수는 없다고 말해 주게. 길어야 세 달일 걸세. 그런 후에는 북쪽의 베뢰아와 데살로니가로 가야 하기 때문이네."

잠시 생각에 잠겼던 바울이 다시 입을 열었다.

"그리고 그 전에 꼭 가봐야 할 곳이 있습니다. 여러분 가운데 누구도 모르는 곳입니다."

바울이 또 한 번 우리를 놀라게 했다! 그는 수수께끼 같은 표정을 지으면서 우리를 놀라게 하길 좋아했다. 물론 우리는 그곳이 어디인지 알고 싶었으나 바울이, 적어도 지금은 말해주지 않으리라는 것을 너무나 잘 알고 있었다.

디도가 지혜롭게 질문했다.

"그곳이 어디인지 언제 말씀해 주시겠습니까?"

"조만간 해주겠네!" 바울이 말했다.

"자, 더디오 형제, 남은 잉크가 충분하다면 계속하세."

나는 이제 세 번째 여러분에게 갈 준비를 하고 있습니다. 그러나 내가 가도 여러분에게 짐이 되지는 않을 것입니다. 내가 원하는 것은 여러분의 재물이 아니라 바로 여러분 자신이기 때문입니다. 자녀가 부모를 위해 저축하는 것이 아니라 부모가 자녀를 위해 저축해야 합니다. 여러분의 영혼을 위해서라면 내가 가진 것뿐만 아니라 내 몸까지도 기꺼이 바치겠습니다. 내가 여러분을 이토록 사랑하고 있는데 여러분도 나를 그만큼 사랑해 주어야 하지 않겠습니까?

어쨌든 내가 여러분에게 짐을 지운 일이 없어도 간교하게 속임수로 여러분을 착취했다고 말하는 사람이 있습니다. 내가 누구를 보내서 여러분을 착취했습니까?

바울이 위를 올려다보며 말했다.
"디도 형제, 고린도에 있는 동안 돈을 받은 적이 있는가?"
"아뇨, 없습니다." 디도가 펄쩍 뛰며 말했다.
"잘 했네! 그럼 계속 하겠네."

내가 디도를 권해서 다른 형제와 함께 여러분에게 보낸 일이 있는데 디도가 여러분을 착취했습니까? 그는 나와 같은 마음을 가지고 같은 길을 걸어온 사람입니다.

바울은 이렇게 말한 후, 우리가 알아들을 수 없는 소리로 혼자 중얼거렸다. 더디오는 펜을 들고 바울을 흘낏 쳐다보았다. 그러자 바울이 말했다.
"시간이 늦었네. 아니 어쩌면 너무 이른 시간인가? 이제 곧 해가 뜰 텐데… 계속할 수 있겠나?"
"예." 더디오가 도전 의식을 느끼듯 힘 있게 대답했다.

여러분은 아직도 우리가 변명을 하고 있는 줄로 생각하십니까? 우리는 그리스도의 사람으로서 하나님 앞에서 말하고 있습니다. 사랑하는 여러분, 우리가 행하는 이 모든 것은 여러분을 돕기 위한 것입니다. 내가 여러분에게 갈 때 서로 기대에 어긋나는 일이 생길까 염려됩니다. 다시 말하면 여러분 가운데 다툼과 시기와 분노와 당파 싸움과 비난과 험담과 교만과 소란이 있어서는 안 되겠다는 말입니다. 내가 여러분에게 다시 갈 때 하나님이 여러분 앞에서 나를 낮추실까 두렵습니다.

바울은 엄한 말을 몇 마디 더 덧붙이면서 자신의 권위와 소명과 보냄 받음을 의심하는 사람들을 직접 겨냥했다. 그러나 무엇보다도, 그는 자신을 가리켜 약하다고 말하는 사람들을 향해 화살과도 같은 강한 말을 내뱉었다.

당신은 내가 항상 바울을 매우 겸손한 사람으로 보았다는 말을 듣고 놀랄 것이다. 많은 사람들이 바울이 겸손하다는 사실을 깨닫지 못한다. 바울은… 아주 자신 만만한 사람이었기 때문이다. 그럼에도 불구하고 나는 바울이 자신은 "약하다"고 할 때 그 말이 무슨 뜻인지 알고 있었다.

"약하다"는 것은 바울을 한 번도 만난 적이 없는 사람들이 갖고 있는 그에 대한 인상과는 모순될 것이다. 바울이 강하다는 인상은 무엇보다도 그가 매우 논쟁적이었다는 사실에서 나온다. 그러나 우리가 아는 바울은 계속해서 지고 또 질 사람이다. 그는 남의 잘못을 지적하길 싫어하는 사람이었으며, 자신을 변호하지 않으려는 이유 때문에 기꺼이 패

배의 고통을 당하려는 사람이었다.

그렇다. 그는 자신 만만해야 할 사람이었다. 그는 주님을 직접 만났다. 그는 자신이 부르심을 받았으며, 보냄을 받았다는 사실을 알고 있었다. 사람이라면 누구나 이러한 사실에서 자기확신을 할 수 있을 것이다!

그럼에도 불구하고 그는 여전히 우리가 아는 가장 겸손한 사람이었다. 그는 말로 표현할 수 없을 만큼 겸손했으며 하나님이 약하길 원하시는 곳에서 약했다.

우리가 약하더라도 여러분이 강하게 되면 우리는 기쁩니다. 그리고 우리는 여러분이 완전해지기를 기도하고 있습니다.

이런 이유로 내가 떠나 있으면서 이 편지를 씁니다. 그래서 내가 여러분에게로 가면 내가 받은 특권을 가지고 너무 가혹하게 여러분을 꾸짖지 않게 되기를 바라는 것입니다. 주님께서 내게 주신 이 특권은 여러분을 세우기 위한 것이지 무너뜨리기 위한 것이 아니기 때문입니다.

바울은 뒤로 기대어 눈을 감았다. 마침내 끝났다. 가장 훌륭하고 뜻깊은 편지가 완성되었다.

"더디오 형제, 마지막 인사말을 쓰게."

바울이 눈을 뜨면서 말했다. 바울의 얼굴에 또다시 눈물이 흘러 내렸다. 더디오의 눈에도 눈물이 고였다.

형제 여러분, 마지막으로 말합니다. 기뻐하십시오. 완전해지십시오. 내 권면을 받아들이고 한마음으로 사이 좋게 지내십시오. 그러면 사랑과 평화의 하나님이 여러분과 함께 계실 것입니다.

여러분은 성도의 사랑으로 서로 인사를 나누십시오. 모든 성도들이 여러분에게 문안합니다. 주 예수 그리스도의 은혜와 하나님의 사랑과 성령님의 사귐이 여러분과 함께하기를 기도합니다.

거의 아침이었다.
바울은 자리에서 일어나며 말했다.
"브리스길라 자매님과 아굴라 형제님, 이제 두 분이 빌립보를 떠나 갈라디아의 다섯 천둥이와 함께 로마로 가는 여정을 계속해야 할 때가 된 것 같습니다. 두 분은 이미 에베소에서 이곳 빌립보까지 안전하게 오셨습니다. 하나님께서 두 분을 로마까지 빠르고 안전하게 인도하실 것입니다.
부탁드리는 것은 헬라 반도를 지나 아드리아해로 가는 최고의 대상(隊商)들이나 로마 수비대를 찾아보십시오. 그러니까 여러분은… 모두 여덟 명이네요. 세 명의 문명인이 다섯 명의 갈라디아인들을 감당할 수 있겠습니까?"
"저희로서는 영광입니다." 아굴라가 대답했다.
"만약, 이 형제들이 감당이 안 되면 에배네도에게 맡길 겁니다."
"왜요?" 내가 물었다.

"에배네도도 우리처럼 지나칠 만큼 열성적인 독신 형제잖아요."

바울이 디도와 디모데를 보며 말했다.

"두 사람은 나와 함께 이 편지를 다시 훑어본 후 몇 부를 필사하세. 이 일이 끝나면 디도 형제는 남쪽 고린도로 가게. 브리스길라 자매 일행이 로마로 떠나고 디도 형제가 고린도로 가고 40명이 도착하면, 나도 곧바로 고린도로 떠나겠네."

"디도 형제, 자네는 누가 형제와 함께 고린도의 성도들에게 분명히 알려 주게. 로마로 향하는 모든 형제자매들이 이곳 빌립보에 도착하기 전까지는 내가 고린도로 떠날 수 없다는 걸 말일세. 일단 그들이 모두 안전하게 로마로 떠나면 내가 고린도로 갈 거라고 전해 주게."

"형제님이 생각하기에는 여기서 얼마나 더 계시다가 고린도로 오실 것 같습니까? 고린도의 성도들이 틀림없이 물을 거 같아서요." 디도가 말했다.

바울은 이 질문을 두고 잠시 생각에 잠겼다.

"내가 이곳에 온 지 6주가 채 안 됐네. 로마로 향하는 모든 사람이 먼저 이곳 빌립보에 도착해야 할 걸세. 그러니까… 앞으로 3-4주 후면 모두 이곳에 도착할 거야. 그러면 내가 그들을 모두 데리고 두라기움이라는 헬라 항구로 인도할 걸세. 육로를 통해 빌립보에서 두라기움까지 가는 데는 2주 정도 걸릴 걸세. 나는 거기서 모두가 로마행 배에 오르는 것을 보고 십중팔구 남쪽으로 방향을 돌려 고린도로 갈 걸세. 고린도의 성도들에게 세 달 후쯤이면 나를 만날 수 있을 것이며 내가 그곳에 세 달 정도 머물 거라고 전해 주게."

바울은 기도와 함께 아침을 맞았다.

며칠 후, 에배네도와 아굴라와 갈라디아에서 온 다섯 형제와 나는 로마를 향해 떠났고 디도와 누가는 고린도를 향해 남쪽으로 떠났다.

그리고 바울이 예상했듯이, 루디아의 집은 곧 제국 전역에서 도착하는 형제자매로 붐비기 시작했다.

정말 대단한 광경이었다.

2부

고린도에서
가이사랴까지의
고된 여정

11
브리스길라와 아굴라 로마로 떠나다

　나는 에배네도와 아굴라와 다섯 명의 갈라디아 형제들(아순그리도, 블레곤, 허메, 바드로바, 허마)과 함께 로마로 향했다. 우리는 빌립보에서 두라기움을 향해 서쪽으로 가는 로마 수비대를 따라갔다. 그런 후, 두라기움에서 배를 타고 아드리아해를 건너 이탈리아의 브룬디시움에 내렸다. 로마에 이르려면 아직도 600킬로미터 가량 더 걸어야 했다. 어떤 형제들은 내가 이렇게 긴 여행을 견뎌낼 수 없을 거라고 걱정했다. 하지만 나는 도리어 형제들이 걱정되었다.

　우리가 이렇게 로마로 가고 있는 동안 40여 명의 형제자매들이 빌립보에 모여들고 있었다. 루디아는 나중에 내게 이 상황에 대해 이런 재미있는 편지를 했다.

　"자매님에게는 뜨겁기 이를 데 없는 성도가 다섯뿐이죠? 제게는 무려

마흔이나 있답니다. 그러나 걱정 마세요. 모두 자매님에게 보낼 테니까요. 이들이 간다는 걸 모든 로마인들에게 알리는 게 좋을 걸요. 한 가지는 분명합니다. 로마가 틀림없이 변할 것입니다."

40명의 성도들이 모두 빌립보에 도착한 후, 바울은 이들과 여러 날을 보내면서 역사와 이탈리아와 로마에 대해, 그리고 이들이 로마에 가는 목적에 대해 이야기를 나누었다.

이들 40명은 누구였는가?

우선, 바울의 친척으로 예루살렘에서 온 유대인인 안드로니고와 유니아가 있었다. 그리고 노예였다가 최근에 자유를 얻은 암블리아가 있었다. 또한 아리스도불로라는 부유한 상인이 경영하며 제국 전역을 대상으로 하는 회사의 일꾼들로 소아시아에서 온 형제들이 몇몇 있었다. 바울의 또 다른 친척으로 헤롯 가족 소유의 회사에서 일했던 헤로디온이 있었다.

그리고 수리아에서 온 젊은 형제들이 있었다. 이들은 전에 나깃수라는 유명한 부자의 소유였던 세계적 무역 회사에서 일했었다. (그의 회사는 황제에게 몰수당했다.) 그리고 남부 헬라에서 온 쌍둥이 자매 드로보나와 드루배사가 있었다. 안디옥에서 온 버시와 역시 안디옥에서 온 루포가 있었고, 예수님의 십자가를 대신 지고 갔던 시므온의 아들이 있었다. 루포 형제는 어머니와 함께 왔다. 그의 어머니는 바울이 로마로 간다면 그가 안디옥에 있을 때 그랬듯이 자신이 그를 위해 요리를 하고 그의 필요를 돌봐줄 것이라고 고집했다.

젊은 부부 빌롤로고와 율리아가 있었다. 네레오와 그의 여동생이 있었고, 올름바라는 자매도 있었는데, 이들 모두 소아시아에서 배를 타고 빌립보에 왔다. 이들은 여러 명의 종뿐 아니라 신자들도 함께 데리고 왔다.

또한 영적으로는 키가 컸지만 신체적으로는 작은 우르바노와 스다가 있었는데, 둘 모두 구브로 태생이었다.

이들만 있는 게 아니었다. 약 40명의 신자들과 갈라디아에서 온 다섯 명의 형제들이 있었다.

일단 이들은 빌립보에 도착하자 바울과 함께 뜨겁게 기도하는 데 많은 시간을 보냈다.

이들이 빌립보를 떠날 때가 되었다. 바울은 이들을 이끌고 도보로 헬라의 서쪽 해안에 있는 두라기움이라는 항구로 갔다. 이들과 동행한 로마 수비대는 이들만큼 기뻐하고 노래하며, 웃고 포옹하는 사람들을 본 적이 없었다고 했다. 열흘을 걸은 끝에, 40여 명은 두라기움에 도착했다. 여기서 바울은 깜짝 놀랄 사실을 발견했다.

"로마는 여기서 아드리아해를 따라 북쪽으로 새 길을 닦고 있답니다. 이 길을 따라가면 달마디아가 나옵니다. 이 길이 완공되면, 도보로 아드리아해를 따라 북쪽으로 올라가 로마와 평행한 지점에 이를 수 있을 겁니다. 언젠가 우리는 두라기움이 아니라 달마디아에서 배를 타게 될 겁니다. 이탈리아 반도를 동쪽에서 서쪽으로 가로 질러 로마에 갈 수 있다는 뜻입니다."

바울이 계속했다.

"저는 이 길을 보고 싶습니다. 이 길에 서서 달마디아에서 이탈리아로 항해하며 로마에 들어가는 꿈을 꾸고 싶습니다."

"일단 모두가 이탈리아로 가는 배에 안전하게 오르면, 저는 헬라의 서쪽 해안을 따라 걸어 올라가 달마디아로 갈 것입니다."

"그러니까 그곳이 바로 형제님이 방문하려는 '다른 곳'인가요?" 가이오가 물었다.

"맞네." 바울이 대답했다.

"언젠가 그곳에도 교회가 서는 것을 보고 싶네."

그때 아굴라가 바울에게 말했다.

"바울 형제님, 로마에는 인종과 피부색이 다른 온갖 사람들이 살고 있습니다! 그리스도의 몸인 교회의 삶에 대해 이미 잘 알고 있는 형제자매들도 아주 많습니다. 그러나 모임이 아주 빠르게 커지고 있습니다. 에클레시아의 생활은 고사하고 그리스도에 대해서도 거의 알지 못하는 새 신자들이 많이 생길 겁니다.

그래서 로마에 모임이 생기자마자, 그곳에 편지를 꼭 해주셨으면 좋겠습니다. 편지에서 믿음에 대한 모든 부분을 다 이야기해 주십시오. 유대인, 이방인, 그리스도 안에서의 우리의 위치, 우리가 겪을 고난과 승리 등을 다뤄주십시오. 그리고 무엇보다 우리의 로마 모임에게 교회에서 서로 화목하게 사는 방법에 대해 써주십시오. 이 부분은 아주 실제적으로 이야기해주셨으면 합니다. 새로운 회심자들뿐 아니라 오래 믿은 우리를 위해서도 말씀해 주십시오.

훌륭한 편지를 써 주십시오! 우리의 믿음을 잴 잣대를 우리에게 주십시오. 그러면 우리는 우리 가운데 들어오는 새 신자가 그 편지를 항상 읽거나 들을 수 있게 할 겁니다. 그 편지가 그렇게 10년이나 15년 이상 사용될지 혹 누가 알겠습니까? 형제님, 편지를 쓸 때 격려의 말과 함께 십자가에 대해 덧붙이는 것도 잊지 마십시오. 우리들 각자가 반드시 져야 하는 십자가 말입니다."

바울의 눈이 반짝였다.

"정말 좋은 생각입니다. 신중히 고려해 보겠습니다."

바울은 불과 몇 달 후 그 편지를 썼다. 나 브리스길라가 이탈리아에서 가장 먼저 그 편지를 읽었다! 그 편지는 너무나 감동적이었을 뿐 아니라 우리의 삶에 너무나 큰 영향을 미쳤다. (많은 세월이 흐른 지금도 그 편지가 필사되어 제국 전역에 돌고 있다.)

그렇게 해서 약 40명의 신자들이 이탈리아라는 "장화의 뒤꿈치"를 향한 항해를 시작했다. 거기서 이들은 내가 몇 주 전에 갔던 길을 따라 600킬로미터를 걸어 로마 제국의 이탈리아 반도를 관통할 것이다. 이들이 아벤틴 힐에 있는 내 집에 진격해 들어오던 모습이 지금도 생생하다.

바울은 이들이 탄 배가 두라기움 항구를 벗어나는 것을 지켜본 후, 북쪽으로 방향을 돌려 일루리곤과 달마디아 지역을 방문할 계획이었다. 두라기움에서, 바울은 젊은 친구들에게 이렇게 말했다.

"나는 달마디아로 갈 걸세. 자네들은 여기 남아 두라기움에 그리스도를 전하게."

젊은 형제들은 바울의 말에 즉시 반대했다. 이들 모두 그리스도를 전혀 모르는 도시에서 그분을 선포한다는 생각에 전율을 느꼈지만, 그래도 바울이 혼자서 완공도 되지 않은 길을 따라 거친 달마디아 땅으로 가는 것을 허락할 수 없었다. 젊은 형제들은 강력히 반대했고 뜻을 굽히지 않았다. 마침내 타협이 이뤄졌다. 여섯 명은 두라기움에 남기로 했다. 그렇다면 누가 바울과 함께 갈 것인가? 주사위를 던졌다. 가이오가 뽑혔다.

하나님이 섭리하신 선택이었다. 용감하고, 진취적이며, 두려움을 모르는 가이오는 바울을 지켜줄 수 있을 것이다.

바울은 알려진 게 거의 없는 땅을 향해 출발했다.

12
달마디아를 거쳐 고린도로 향하다

바울과 가이오는 북쪽으로 가는 내내 군인들과 노예들과 건축가들이 스코드라(Scodra)에 이를 길을 쉴 새 없이 닦고 있는 것을 보았다. 달마디아에 도착한 두 사람의 눈에 띈 것은 활기차고 굴복을 모르는 사람들이었다. 그들은 머리털이 검고 거칠었다. 바울과 가이오는 달마디아에서 복음을 전하는 데 성공했으나 넘을 수 없는 언어의 장벽에 부딪혔다. 이들의 메시지에 반응한 사람은 불과 몇몇뿐이었다.

"누군가, 언젠가는 반드시 이곳에 다시 와야 할 걸세."

바울은 가이오와 함께 두라기움으로 돌아가면서 같은 말을 되풀이했다. (달마디아는 바울이 3년 후쯤 로마로 가기 전까지 그가 방문한 최북단이자 최서단이었다.)

한편, 여섯 명은(소바더, 세군도, 디모데, 아리스다고, 두기고, 드로비모) 큰 성공을 거두었다. 이들이 두라기움에 있던 한 달 동안, 그곳에 교회가 하나 세워졌고, 따라서 헬라 교회의 수도 하나가 더 늘었다. 두라기움의 모임은 크지 않았으나 이들의 회심은 진짜였다. 이것을 본 바울은 즉시 빌립보에 편지를 보내 그곳의 형제들에게 빨리 두라기움에 와서 새신자들을 도우라고 요청했다.

마침내 바울은 이제 자유롭게 남쪽으로, 디도와 누가와 고린도 교회로 향할 수 있었다.

고린도 교회가 바울을 받아들일 것인가? 받아들인다면 얼마나 반갑게 맞아 줄 것인가? 아니면 바울이 고린도의 성도들에게 보낸 두 번째 편지가 첫 번째 편지와 똑같은 결과를 낳았을까? 그 후 고린도 성도들의 마음에 무슨 일이 일어났을까? 디도는 그곳으로 돌아갔을까? 마침 두라기움 항구에서 고린도로 가는 배가 있었다. 이 배가 곧 바울에게 그 해답을 가르쳐 줄 것이다.

일행이 배에 오르자, 바울은 이렇게 물었다.

"이번 고린도 방문이 대성공이겠나, 아니면 헛수고이겠나? 어차피 둘 중의 하나일 수밖에 없을 테니…."

이제 고린도에서 일어났던 일을 디모데에게 들은 그대로 옮겨 보겠다.

13
고린도에 도착하다

"디모데 형제, 자네와 나머지 형제들은 오늘 밤에 고린도로 들어가게. 나는 날이 밝을 때까지 성 밖에서 기다리겠네. 내일 돌아와서 고린도의 성도들이 진정으로 나를 받아들이려 하는지 알려 주게. 그들이 반기지 않는다면 나는 고린도에 들어가지 않겠네."

바울이 슬픈 어조로 체념한 듯이 말했다.

그날 밤, 바울은 많은 생각에 잠겼다.

"나는 어디를 가나 논쟁의 대상이 된다니까! 하나님의 백성이 나에 대해 많이 혼란스러워 하고 많이 논쟁하거든. 그들이 나를 믿는다 하더라도 바울을 따르는 게 폭풍 가운데 사는 것임을 안다면 나를 계속 받아들일 수 있을까? 내가 환영받을 수는 있겠지만, 효과적으로 사역하려면 이것만으로는 안 되잖아! 사람들은 폭풍 속으로 걸어 들어가려 하지 않아! 그런데 내가 폭풍이잖아!"

바울은 이튿날 자신이 상상하는 것보다 더 좋은 소식이 오길 바라면서 불안한 마음으로 밤을 새웠다. 그러나 동이 트기도 전에 가이오가 돌아왔다.

"바울 형제님, 단검파가 고린도로 돌아오고 있답니다! 곧 이곳에 도착할 게 분명합니다. 저들은 형제님이 온다는 걸 알고 있고 형제님을 찾고 있습니다."

"음, 단검파가 여러 도시에서 나를 찾았지만 그럴 때마다 난 그 도시에 없었네." 바울이 대답했다.

"하지만 이번에는…."

"바울 형제님, 지금부터 머리를 낮추는 게 중요합니다." 가이오가 매우 걱정스러운 듯이 말했다.

"머리를 낮춘다고? 그런 표현은 들어본 적이 없는데… 갈라디아 사람들이 쓰는 표현인가?"

"예, 그렇습니다. 우리는 '머리 낮춰, 얼굴 숙여, 이름 없는 사람이 돼'라고 말합니다."

"좋은 조언일세. 고린도에 들어가면 자네의 지혜로운 조언을 따르겠네. 그런데 단검파는 언제 도착하는가?"

"확실한 것은 저들이 오고 있다는 것뿐입니다."

"그렇다면 얼마 지나지 않아 도착하겠군!" 바울이 깊은 생각에 잠기며 말했다.

"시카리파(sicarii)는 바울 형제님과 저를 죽이겠다고 맹세한 사람들입니다. 우리가 한 일이라고는 이스라엘의 메시아를 선포한 것뿐인데 말입니다. 그런데도 세상은 우리 주님만 죽였을 뿐 아니라 그분을 선포하는 사람들까지 죽이기로 한 것 같습니다."

"젊은 형제들이 형제님을 곁에서 지켜드리라고 저를 보냈습니다. 제가 문에 기대 앉아 지킬 테니 형제님은 눈을 좀 붙이십시오."

바울은 가이오를 유심히 쳐다보더니 그의 제의를 거부해봐야 헛수고일 거라고 판단했다.

"알았네. 눈 좀 붙이세! 둘 다 말일세."

다음 날 아침, 해가 뜰 무렵, 디도와 디모데가 도착했다.

"이름을 대시오!" 가이오가 짐짓 위협적인 목소리로 말했다.

"할례 받지 않은 수리아인이다! 가이오에게 선전포고를 하러 왔다." 디도가 답했다.

"그래!" 가이오가 대답했다.

"그렇다면 난 두려울 게 없다. 수리아인은 들어와라. 들어와 내 칼을 받아라!"

디모데가 들어와 바울에게 말했다.

"바울 형제님, 형제님의 목숨을 노리는 사람들이 있습니다. 그래도 최소한 형제님은 자신을 사랑하는 몇몇의 고린도 성도들 품에서 죽으실 겁니다!"

바울이 일어나 말했다.

"몇몇의 고린도 성도들이라고 했나? 그 말을 액면 그대로 받아들여야 하나?"

"아뇨! 반대로 받아들이셔야 할 걸요! 형제님이 오시길 뜨겁게 고대하는 고린도의 성도들 수가 압도적으로 많습니다." 디도가 말했다.

"바울 형제님, 형제님 평생에 모두가 형제님을 기꺼이 받아들이려 했던 적이 한 번도 없으셨죠?"

"사실이네. 하지만 압도적 다수가 내가 오길 고대하고 있다니 얼마나 기쁜지 모르겠네."

바울은 소리 내어 웃으면서 자신이 고린도에서 사랑받고 있다는 것을 마침내 확인 받았다.

"고린도의 성도들이 형제님을 받아들이는 데 큰 공헌을 한 것은 블라스티니우스 드라크라크마입니다! 고린도의 성도들은 그에 대해 듣고 그를 만나거나 그의 추종자들을 만났습니다. 지금 고린도의 성도들은 블라스티니우스가 안디옥에서 일으킨 해악, 그가 갈라디아에서 일으킨 심각한 문제들, 그가 형제님에 관해 퍼트린 소문을 알고 있습니다.

그들은 블라스티니우스가 형제님을 해치도록 단검파를 선동했다는 것도 알고 있습니다. 또한 블라스티니우스가 소아시아 전역과 헬라의 회당에 보낸 편지에 대해서도 들었습니다. 그의 추종자들에 대해서는, 저들이 고린도의 모임에 들어서는 순간 주님의 백성이 저들을 꿰뚫어 보았습니다.

두 번째 편지도 도움이 되었습니다. 많은 사람들이 모임에서 이 편지를 들으면서 울었습니다. 그리고 이 편지가 낭독될 때, 모두들 형제님의 가시가 뭔지 정확히 알고 있었습니다. 블라스티니우스는 자기 칼로 자기를 찌른 겁니다!" 디도가 씩 웃으며 말했다.

"형제자매들이 형제님을 마중하러 나오겠다고 고집을 부렸지만, 저는 그들에게 형제님을 밤에만 만날 수 있다고 했습니다. 모임 시간과 장소는 아직 정하지 않았습니다. 마지막 순간에 결정할 겁니다. 그리고 시카리파가 도착했을 수도 있고 하지 않았을 수도 있지만 저들이 이곳에 온다는 것은 제국 전체가 다 아는 것 같습니다."

"에클레시아가 나를 기꺼이 받아들이려 한단 말이지? 내 목을 노리는 자들이 있는데도 말이야!" 바울이 물었다.

"형제님, 아마 두 팔을 벌리고 형제님을 맞을 겁니다." 디도가 환한 미소로 대답했다.

그때 소바더가 왔다.

"들어오세요." 가이오가 말했다.

"만약 형제님이 다른 유대인이었다면 저는 형제님에게 단검을 구했을 겁니다."

"제게 단검이 있다면, 형제님에게 안성맞춤이겠는데요."

소바더가 놀리는 투로 말했다. 소바더에게는 유대인의 피가 너무나 적게 흐르기 때문에 우리 가운데 그가 유대인이라는 것을 기억하고 있는 사람은 거의 없었다.

"모두들 앉게." 바울이 나무라며 말했다.

"디모데 형제, 자네는 내가 이 도시를 처음 밟았을 때 나와 함께 있었네. 게다가 자네는 여기에 여러 번 왔었네. 디도 형제, 자네는 여기에 두 번 왔었고, 두 번째 왔을 때는 여러 달 머물렀었지. 그러니 자네들이 이제 내가 처하게 될 상황을 전체적으로 알려줄 수 있어야 하지 않겠는가?"

다섯 사람은 세 시간 넘게 대화를 나누었다. 마침내, 바울은 결론에 이르렀다.

"나는 고린도로 들어가겠네. 고린도에서 몇 달간 머물면서 교회를 든든히 세울 걸세. 교회가 불확실한 미래를 대비하도록 도울 생각이네. 이 번 방문을 마지막으로 알고 사역할 걸세." 바울의 얼굴에 묘한 미소가 번졌다.

"모든 게 잘 될 걸세!"

"단검파는 어떻게 됐습니까?" 디모데가 물었다.

"나는 머리를 낮추고, 고개를 숙이고, 이름이 없는 사람이 될 걸세." 바울이 재빨리 대답했다.

"바울 형제님, 제 생각에는 예루살렘에는 안 가시는 게 좋을 것 같습니다."

디모데가 바울이 갈라디아 속담을 인용하는 것을 무시하면서 말했다.

그러자 바울이 디모데 쪽으로 고개를 돌리며 말했다.

"뭐라고? 자네들 여덟 명이 예루살렘 거리를 활보하는 모습을 보는 기쁨을 포기하란 말인가? 게다가 내가 안 가면 자네들 질문에 누가 답해 주겠는가?"

"저희는 새 예루살렘에 관심이 더 많습니다." 가이오가 말했다.

"저희가 예루살렘을 꼭 봐야 하는 건 아닙니다. 예루살렘의 가난한 사람들을 위해 거둔 헌금은 다른 사람들이 전해줄 수도 있을 것입니다. 그게 안 되면 형제님은 빼고 저희끼리 갈 수도 있고요. 디모데 형제가 저희에게 예루살렘을 안내해 줄 수 있을 겁니다. 굳이 형제님이 가실 필요는 없습니다."

"아닐세, 꼭 가야 하네. 지금 이방 교회와 유대 교회 사이에 심각한 불화가 일어나기 직전일세. 이런 불화는 절대로 일어나서는 안 되네. 나는 유대 신자들과 이방 신자들 간의 관계 회복을 위해서라면 목숨이라도 기꺼이 버리겠네. 베드로 형제님도 같은 생각일 걸세. 베드로 형제님도 히브리 교회와 이방 교회가 반드시 하나가 되어야 한다고 생각하시네. 베드로 형제님이라도 나와 똑같이 행동하실 걸세."

"바울 형제님, 솔직히 말씀드리면, 지금 이스라엘과 갈라디아와 소아시아에서 사람들의 입에 가장 많이 오르내리는 인물이 바로 형제님입니다. 아마도 로마 제국 전체로 말하자면 네로 황제 다음일 겁니다."

"그런 말로 날 추켜세우지 말게. 아주 솔직히 말하자면, 내가 이스라엘과 소아시아에서 사람들의 입에 오르내린다는 말을 들으니 기쁘네. 이것이 복음 전파를 촉진시킬 걸세."

"그뿐 아니라 형제님의 장례도 촉진시킬 겁니다!" 가이오가 말했다.

그러나 바울이 이어서 한 말은 당장의 일과는 무관했다.

"빌립보로 사람을 보내 더디오 형제를 데려와야겠네."

"더디오 형제를요?" 디모데가 물었다.

"그렇네. 지금 로마로 가고 있는 안드로니고 형제가 아벤틴 힐에 있는 브리스길라 자매의 집에서 모임을 시작하는 신자들에게 편지를 한 통 써달라고 내게 간곡히 부탁했네. 그래서 로마의 모임에 편지를 쓸 생각이네. 여기 고린도에 머무는 동안 그 편지를 쓸 걸세. 그 편지를 로마로 보낼 때는 라틴어와 헬라어로 보내야 하는데 그 일에 더디오가 적임자일세."

"디모데 형제, 슬프게도 형제님 자리를 빼앗겼군요!" 디도가 말했다.

"그렇다고 내가 올 것 같은가?"

바울은 이들의 말장난을 무시한 채, 하던 말을 계속했다.

"이번 편지는 지금까지 쓴 어떤 편지와도 다를 걸세. 이번 편지에서는 우리의 믿음과 관련된 모든 부분을 다 다룰 걸세. 아마도 로마의 교회가 여러 해 동안 이 편지를 사용할 수 있을 거야. 특히 로마의 모임에 새로 나오는 신자들에게 도움이 될 걸세."

"형제님이 지금까지 쓰신 편지들이 필사되어 많은 지역에 돌고 있는 것 같습니다. 최근에 고린도의 성도들에게 보낸 편지도 이미 필사되어 헬라의 여러 모임에 전달되었습니다. 그 편지는 지금 사방 모든 곳으로 퍼져나가고 있습니다." 디도가 바울에게 알려주었다.

바울은 놀란 표정을 지으며 말했다.

"그런 줄은 몰랐네."

"다른 소식도 있습니다. 제 삼촌과 관련된 것입니다." 디도가 말했다.

바울은 그 소식이 무엇인지도 모르면서 환하게 웃었다.

"자네와 누가 형제의 사이가 틀어졌는가?"

"물론 아닙니다. 저는 나이든 사람을 존경하거든요!" 디도가 반박했다.

"저는 형제님과 누가 형제님 사이에 무슨 일이 일어나고 있는지 모르겠는데요." 디모데가 끼어들며 말했다.

"어젯밤에 누가 형제님과 잠시 대화를 나누었습니다. 제 생각에는 디도 형제를 대하는 누가 형제님의 태도가 한결 부드러워진 것 같습니다. 조금 지나자 누가 형제님은 자신에게 조카가 있다는 사실도 기꺼이 인정하려 하시던데요. 조금만 더 지나면, 누가 형제님은 할례 받지 않은 이방인을 틀림없이 존경하게 될 거 같았습니다."

"절대 안 그럴 걸요!" 디도가 믿기지 않는다는 듯이 말했다.

"그건 그렇고 자네가 가져왔다는 소식이 뭔가?" 바울이 디도에게 물었다.

"누가 삼촌이 이곳 고린도에서 조금 성가시게 되었습니다." 디도가 대답했다.

"삼촌은 헬라에서 형제님에게 일어난 모든 일을 모든 사람에게 이야기하고 있습니다. 삼촌의 궁금증은 끝이 없습니다. 삼촌은 다른 곳에서도 이렇게 했습니다. 안디옥에서 그랬고 빌립보에서도 그랬습니다. 삼촌은 형제님과 형제님이 하신 여행들에 대해 형제님보다 더 많이 알게 되었습니다." 디도가 계속 말했다.

"그러나 이게 전부가 아닙니다." 디모데가 다시 끼어들었다.

"마가 요한 형제에 관한 소식도 있습니다. 마가 형제는 디도 형제가 자신에게 수년간 부탁한 일을 하고 있습니다. 마가 형제는 주님의 생애를 다룬 짧은 전기를 쓰고 있습니다."

"할렐루야!" 바울이 두 손을 치켜들며 말했다.

"하나님을 찬양하라! 나는 베드로 형제님과 그 외에 보내심을 받은 사람들이 주님의 삶에 대한 영구적 기록을 전혀 남기지 않은 채 세상을 떠나실까봐 걱정이었네. 우리에게는 구전(口傳)보다 훨씬 더 많은 게 필요하네. 이건 정말 멋진 소식일세. 마가 형제의 작품을 구할 수 있다면 필사해서 모든 이방 교회에 돌려야 할 걸세."

"또 있습니다." 디모데가 계속 말을 이었다.

"레위 형제님이⋯."

"마태 형제님 말인가?" 바울이 물었다.

"예, 맞습니다. 마태 형제님이 마가 형제가 쓴 주님의 전기를 읽으신 것 같습니다. 그런데 아주 중요한 부분이 빠졌다고 느끼셨습니다. 바로 주님의 족보가 빠진 겁니다."

"무슨 말인지 알겠네." 바울이 대답했다.

"유대인들 사이에는 메시아가 오시면 다윗뿐 아니라 아브라함에게까지 그 족보를 거슬러 올라갈 수 있을 거라는 전승이 있네."

바울은 잠시 생각에 잠겼다.

"마태 형제님이 주님의 족보를 쓰고 있다면, 내 생각에는 주님의 탄생도 포함시킬 걸세. 너무나 많은 사람들이 예수님이 나사렛 출신이라고 생각하지. 그분이 베들레헴, 즉 다윗 왕과 같은 동네에서 태어나셨다는 사실을 아는 사람은 극소수야. 아주 훌륭해! 마태 형제님, 하나님이 형제님과 함께하실 겁니다!

혹시 자네들 중에 마태 형제나 마가 형제가 쓴 책을 본 사람이 있는가? 아니면 지금 말한 소문이 전부인가?"

"마가 형제가 쓴 책의 필사본이 곧 고린도에 도착할 겁니다. 그 책에 대해서는 소문으로만 들었습니다." 디도가 말했다.

바울은 잠시 기쁨에 젖은 채 긴장을 풀었다.

"정말 잘 된 일이야! 하지만…."

"하지만 뭡니까?" 디도가 물었다.

"두 이야기 모두…." 바울이 생각에 잠긴 채 천천히 말했다.

"만약 우리에게 다른 게 전혀 없다면 그 두 권만으로 충분할 걸세. 하지만 마태 형제나 마가 형제 모두 유대인이야. 내 생각에는 둘 모두 유대인을 위해 그 글을 쓴 것 같네. 언젠가 주님의 삶에 관한 이야기가 다른 관점에서 기록된다면 정말 가치 있을 걸세." 바울은 잠시 생각에 잠겼다.

그러더니 갑자기 말했다.

"이러다 늦겠네. 고린도로 들어가세. 드디어 고린도로군!"

"바울 형제님, 형제님이 입을 옷을 가져왔습니다."

"뭐라고?" 바울은 옷을 보기도 전에 거부했다. 그리고 옷을 보더니 이렇게 말했다.

"이건 내가 평소에 입는 옷이 아닐세."

"맞습니다." 디모데가 말했다.

"하지만 형제님이 앞으로 입어야 할 옷입니다."

"머리를 낮추고, 얼굴을 숙이고, 이름 없는 사람이 되기 위해서죠." 디모데는 바울에게 지시를 계속했다.

"형제님이 이런 옷을 입기를 바라는 것은 저희만이 아닙니다. 고린도 교회의 바람도 저희와 같습니다!"

"더욱이 형제님은 저희에게 둘러싸인 채 이동하셔야 할 겁니다. 형제님은 밤에만 말씀을 전하고, 모임이 끝나기 전에 떠나셔야 합니다. 누군가 형제님을 뒤따라 온다면, 교회의 형제들이 그 사람을 뒤따를 겁니다. 형제님은 시카리파에게 공개 표적이 되지는 않을 겁니다."

바울이 한숨을 쉬었다.

"내 목숨이 그렇게 가치가 있나? 내가 죽고 나서 반년만 지나면 내 이름을 부를 사람이 없을 것 같은데…."

"제가 불러드리지요." 가이오가 말했다.

"하지만 그건 제가 형제님의 완고함을 기억하고 있기 때문일 겁니다."

"그렇게 될까?" 바울이 장난스럽게 반박했다.

"자네의 무모함 때문에, 난 늘 내가 자네보다 오래 살 거라고 생각했거든!"

바울은 지금까지 입었던 것 가운데 가장 이방인 티가 나는 옷을 입었다.

"바울 형제님!" 소바더가 바울을 놀리는 투로 말했다.

"형제님이 이렇게 이방인 같아 보이는 유대인인 줄 알았다면 형제님과 아무 것도 함께하지 않았을 겁니다."

마침내 다섯 사람은 고린도의 중심을 향해 출발했다.

14
고린도 에클레시아

모임은 고린도에서 가장 큰 홀 가운데 한 곳에서 열렸다. 홀은 모임이 시작되기도 전에 가득 찼다. 나중에 온 사람들은 바깥에 서 있어야 했다. 바울이 홀로 들어서자 형제자매들이 즉시 자리에서 일어나 바울이 자신들에게 보낸 첫 번째 편지에 나오는 사랑의 시를 노래하기 시작했다.

바울의 두 눈에는 눈물이 흘렀다. 바울은 일단 눈물이 나기 시작하면 남자로서는 좀처럼 하기 어려운 방법으로 우는 능력이 있었다. 모두가 그를 에워쌌다. 노래 가사가 너무나 아름다웠다. 홀은 치유의 분위기로 가득했다. 바울을 가장 많이 비방했던 사람들조차 감격했다. 그 가운데 몇몇은 바울에게 다가가 그를 끌어안았다. 격려의 말이 오갔다. 그리고 회개와 용서도 뒤따랐다.

고린도의 모임에는 온갖 사람들이 있었다. 유대인들이 있었고 이방인들이 있었으며, 언어와 인종과 문화가 각기 다른 사람들이 섞여 있었다. 바울의 이야기가 끝나자 여기저기서 질문이 쏟아졌다. 세 번째 파선에 대해 묻는 사람들이 많았다. 모두가 바울이 앞서 겪은 두 번의 파선에 대해서는 이미 자세히 들어 알고 있기 때문이었다.

그러나 바울은 그때의 기억을 다시 떠올리는 게 고통스러웠다. 바울이 할 수 있는 것이라고는 배가 파선한 위치를 말하고 한마디 덧붙이는 것뿐이었다.

"세 사람이 살아남았는데 제가 그 중 한 명입니다. 모든 게 하나님의 은혜죠."

바울은 또한 이렇게 덧붙였다.

"바라건대, 하나님이 은혜를 베풀어 다시는 파선을 겪지 않게 하셨으면 좋겠습니다."(불행히도, 바울은 후에 네 번째이자 최악의 파선을 겪는다.)

그때 누군가 블라스티니우스를 거명했다. 바울이 거의 한 번도 말한 적이 없고 사실상 다른 사람들이 거명하는 것을 전혀 들어본 적도 없는 이름이었다. 바울은 고린도의 성도들이 블라스티니우스 드라크라크마의 이름을 알고 있다는 사실에 소름이 끼쳤다.

"그 사람에 대해서는 말하지 맙시다." 바울이 단호하게 말했다.

"그 사람의 행동은 우리의 귀한 시간이나 생각이나 논의를 허비할 만큼 가치 있는 게 못 됩니다."

그럼에도 불구하고 꽤 율법적이라고 알려진 유대인 형제 하나가 말했다.

"바울 형제님, 최근에 형제님이 갈라디아에 보낸 편지를 읽었는데…."

"세상에!" 바울은 신음에 가까운 소리를 내며 말했다.

"그 편지의 필사본 몇 개가 이곳 고린도에까지 전해졌습니다. 읽어보니 정말 대단했습니다. 그 편지를 읽고 제 삶이 바뀌었습니다. 제가 그 편지를 읽은 지 얼마 후, 형제님이 거명하기도 싫어하는 그 사람이 실제로 이곳에 왔습니다. 마치 그 사람이 갑자기 저희를 찾아 온 것은 형제님이 가장 최근에 저희에게 보내신 편지를 저희가 읽은 것 때문인 것 같았습니다. 가장 대단한 율법주의자가 우리 가운데 서 있었습니다. 그는 저보다 더 대단한 율법주의자였습니다!"

모두들 배꼽을 잡고 웃었다.

그 형제는 자신이 율법주의적 태도를 취했던 게 부끄럽다고 고백하면서 이렇게 말했다.

"저는 그 사람에게서 저의 모습을 보았습니다. 제 자신을 보았습니다! 저는 블라스티니우스를 본 후에야 제 자신을 볼 수 있었습니다. 정말이지 율법에 매였던 저는 사실 자유나 은혜를 전혀 몰랐습니다.

저는 형제님이 갈라디아에 보낸 편지를 읽고 정말 많은 것을 깨달았습니다. 그러나 블라스티니우스를 보면서 훨씬 더 많은 것을 깨달았습니다. 저는 그를 보면서 그리스도 안에 있는 자유를 잃는다는 게 무슨 뜻인지 깨달았습니다. 저는 그동안 영혼에 대해서는 전혀 모른 채 율법의 문자에만 매달려 살았습니다. 블라스티니우스와 저는 우리가 '하라'와 '하지 말라'의 긴 목록을 실천하면 하나님을 기쁘게 할 수 있다고 믿는 사람들입니다."

그는 이렇게 말한 후 큰 소리로 외쳤다.

"하지만 더 이상은 아닙니다! 저는 이제 자유를 얻었습니다!"

이후 5분 동안, 홀은 사람들의 웃음소리와 박수소리로 흔들렸다. 모두 그 형제에게 다가가 그를 격려하고 웃고 노래를 불러주었다. 그런 후, 사람들은 그 형제를 바울에게로 인도했다. 두 사람은 서로 포옹했고 그 형제는 계속 울먹이며 말했다.

"저를 용서해 주십시오. 저를 용서해 주세요."

나중에, 바울은 그때 너무 많이 웃어 얼굴에 경련이 일어날 정도였다고 했다. 또 디도는 바울이 이렇게 중얼거리는 것을 들었다고 했다.

"마침내 드라크라크마에게서 선한 게 나왔어!"

바울은 질문에 답할 수 있을 만큼 흥분을 가라 앉혔다. 그는 지난 두 달간의 이야기를 했으며, 자신의 헬라 여행을 이야기하고 두라기움에서 로마에 있는 브리스길라와 아굴라 부부와 합류하기 위해 배를 타고 이탈리아로 떠나는 40여 명의 형제자매들을 즐겁게 배웅했던 일을 이야기하는 것으로 결론을 맺었다. 마지막으로, 바울은 달마디아에서 거의 알려지지 않은 지역을 여행했던 이야기도 들려주었다.

"이제는 고린도뿐 아니라 겐그레아까지도 복음을 받아들일 수 있게 됐어요."

겐그레아에서 가까운 곳 출신인 신실한 자매 뵈뵈가 감격에 겨워 말했다.

그때 갑자기, 사람들이 사방에서 외쳤다.

"제가 가겠습니다! 제가 가겠습니다!"

"알겠습니다." 디모데가 사람들을 진정시키면서 큰 소리로 말했다.

"저희 여덟 명도 달마디아에 가서 그리스도를 선포하기로 결정했습니다."

바울이 깜짝 놀랐다. 이런 은밀한 결탁에 대해서는 아는 바가 없기 때문이었다.

모임은 좀처럼 끝나지 않았다. 바울과 함께 온 형제들은 자신들이 지난 3년간 받은 훈련에 대해 이야기하기 시작했다. 한 사람씩 나와 자신의 경험을 이야기할 때마다 홀은 웃음으로 가득했다. 그러나 여덟이 가장 즐거워한 것은 자신들이 끊어질 수 없는 끈으로 하나가 된 것이었다. 이들의 하나됨은 열둘의 하나됨에 필적하는 것이었다.

홀에 모인 모든 사람들은 바울이 살아서 이런 날을 본 사실에서 위로를 받았다. 사람들은 이렇게 말했다.

"바울 형제님도 이제는 아실 겁니다. 형제님이 죽으면 이들이 이방 세계에서 형제님을 대신하리라는 것을요."

동이 트고 있었고, 그제야 모임이 끝났다. 단검파가 고린도 근처에까지 왔다는 소문이 계속 들렸다. 그러나 이것은 바울이 참석한 모임 가운데 보초가 문 밖을 지키지 않았던 유일한 모임이었다. 이상하게도, 단검파가 온다는 소문에 고린도 교회의 결속력은 더 강해졌다. 고린도의 형제들이 바울을 한순간도 혼자 두지 않으려고 애썼기 때문이었다.

한편, 바울은 '이처럼 불필요한 과잉보호'에 대해 가볍게 흥분하기도 하고 솔직히 불만을 터트리기도 했다. 그럼에도 불구하고, 그는 사실상 항상 교회의 뜻에 순종했으며, 이러한 상황에서도 예외가 아니었다.

며칠 후, 더디오가 빌립보에서 도착했다. 바울의 얼굴에는 더디오를 다시 만난 기쁨이 그대로 드러났다. 바울은 곧 더디오와 함께 편지로 로마의 모임에 세세한 부분들을 가르치는 긴 작업에 착수해 나갔다.

이제 주목할 만한 그 편지에 대해 이야기할 차례다. 알다시피, 그 편지가 로마에 전해졌을 때, 그것을 처음 받은 사람은 바로 나였다. 그리고 내게 그 편지를 전해 준 사람은 겐그레아의 뵈뵈였다. 이야기를 계속하기 전에, 매우 주관적인 나의 생각을 말해야겠다. 그때도 그랬고 지금도, 나는 그 편지가 그리스도를 믿는 신자의 작품 가운데 최고라고 믿는다!

1 Παῦλος δοῦλος ⸂Χριστοῦ Ἰησοῦ⸃, κλητὸς ἀπό
  ἀφωρισμένος εἰς εὐαγγέλιον θεοῦ, 2 ὃ προε
λατο διὰ τῶν προφητῶν αὐτοῦ ἐν γραφαῖς ἁγίαι
τοῦ υἱοῦ αὐτοῦ τοῦ γενομένου ἐκ σπέρματος Δα
σάρκα, 4 τοῦ ὁρισθέντος υἱοῦ θεοῦ ἐν δυνά
πνεῦμα ἁγιωσύνης ἐξ ἀναστάσεως νεκρῶν, Ἰ
στοῦ τοῦ κυρίου ἡμῶν, 5 δι᾽ οὗ ἐλάβομεν χάρι
στολὴν εἰς ὑπακοὴν πίστεως ἐν πᾶσιν τοῖς ἔθ
τοῦ ὀνόματος αὐτοῦ, 6 ἐν οἷς ἐστε καὶ ὑμεῖς κ
Χριστοῦ, 7 πᾶσιν τοῖς οὖσιν ⸁ἐν Ῥώμῃ⸀ ἀγα
κλητοῖς ἁγίοις, χάρις ὑμῖν καὶ εἰρήνη ἀπὸ
μῶν καὶ κυρίου Ἰησοῦ Χριστοῦ.
   Πρῶτον μὲν εὐχαριστῶ τῷ θεῷ μου

헬라어 로마서

15
로마에 보내는 편지 (1)

바울은 로마의 형제자매들에게 몇 주에 걸쳐 편지를 썼다. 편지에는 바울이 그리스도인의 삶의 핵심이라고 생각하는 모든 것이 집약되어 있었다.

이 편지가 바울이 고린도에서 했던 설교를 토대로 쓰였다는 사실은 별로 알려져 있지 않다. 바울이 로마에 보낸 편지는 그가 고린도 교회에서 했던 설교에서 나온 것이었다.

한 주 동안, 바울과 더디오는 매일 둘만의 시간을 가졌다. (내가 듣기로 바울이 세 페이지를 작성하고 수정하는 데 꼬박 하루가 걸렸다고 한다.) 고린도에 있는 동안, 바울은 한 형제의 집에서 머물렀는데, 고린도 교회의 성도들이 다 모일 수 있을 만큼 큰 집이었다. 그 형제의 이름은 가이오였다(더베의 가이오가 아니라 고린도의 가이오였다). 가이오에게는 구아도라는 종이 있었는데, 항상 바울의 곁을 지켰으며 그의 방문 앞에서 잤다.

만약 단검파가 가이오의 집에 침입했다면 대단한 적수를 만났을 것이다. 디모데와 디도조차 바울을 잘 보지 못했으며, 하루하루 지날 때마다 편지에 대한 호기심이 커졌다. 누가를 제외하고는 바울에게 말을 걸기조차 어려웠다. 누가는 바울과 한 집에 머물렀다.

어느 날 디도와 디모데는 더디오가 혼자 가이오의 집으로 가는 것을 보았다.

"바울 형제님이 무슨 말씀을 하시던가요? 편지는 어떤 내용입니까?" 디도가 더디오에게 물었다.

"바울 형제님이 모임에서 대법정의 드라마, 모든 인류와 세상 모든 사람이 참석하는 재판에 관한 말씀을 하신 적이 있는데 기억하십니까? 그때 바울 형제님은 사람들을 두 그룹으로 나누셨습니다. 이방인과 유대인이었습니다. 그때 바울 형제님은 양쪽이 자신들의 무죄를 어떻게 주장하는지를 생생하게 설명해 주셨습니다! 유대인과 이방인 양쪽 모두 자신들이 하나님 앞에서 의로울 수 있다고 했습니다. 기억하시나요?"

"정말 대단했었죠." 디도가 대답했다.

"바울 형제님이 그때 전했던 메시지를 편지에 그대로 옮기셨습니다. 첫 세 페이지는 그 내용입니다. 두 그룹 모두 판결을 기다리고 있습니다. 재판정은 자신만의 기준을 사용하여 각 그룹을 판단합니다. 그리고 나면 재판관이 판결을 내립니다."

"판결이 어떻게 났습니까?" 디도가 몹시 궁금한 듯 물었다.

"제가 압니다." 디모데가 끼어들었다.

"할례 받지 않은 형제는 유죄입니다."

"디도 형제 말이 맞습니다." 더디오가 말했다.

"그러나 유대인도 유죄입니다."

"그것도 알고 있었습니다." 디도가 외쳤다.

"의에 대한 그들의 기준으로 판단하면 모두가 유죄입니다. 지금까지 이런 편지는 없었습니다. 앞으로도 없을 겁니다."

더디오는 조용하고 진지한 목소리로 말을 이어나갔다.

"그 다음은 무슨 내용입니까?" 디모데가 물었다.

더디오는 어깨를 으쓱했다.

"저도 모릅니다. 아직 여기까지밖에 못 썼거든요. 지금으로서는 모두가 유죄입니다. 빠져나갈 구멍이 없습니다. 유대인도 이방인도 모두 유죄입니다. …하지만 언제나 유대인이 먼저입니다."

"이런! 넷째 페이지에서는 나아지길 바랍니다!" 디모데가 풀죽은 목소리로 중얼거렸다.

"그렇습니다. 디모데 형제님… 형제님은 아주 간절히 바라셔야 할 걸요. 지금 이대로라면 형제님은 이중으로 유죄이니까요." 디도가 대답했다.

"형제님은 유대인일 뿐 아니라 이방인이기도 하니까요."

"이만 가봐야겠습니다." 더디오가 말했다.

디도와 디모데는 더디오와 함께 가이오의 집으로 가면서 그에게 끝없이 물었다.

"바울 형제님이 오늘은 어디서 주무시나요? 가이오 형제 댁인가요?" 디도가 물었다.

"아닙니다." 더디오가 대답했다.

"바울 형제님과 저는 오늘 저녁에 야손 형제 댁에 머물 것입니다."

디모데와 디도는 그날 저녁 늦게 야손의 집을 찾아갔다. 더디오에게 추가 정보를 조금이라도 얻기 위해서였다.

교회 전체가 곧 이 열기에 사로잡혔다. 바울이 편지에 기록하는 말 한마디 한마디가 교회 전체의 관심사였다.

어느 날 저녁이었다. 더디오는 매우 흥분한 표정으로 디도와 디모데를 찾아왔다.

"바울 형제님이 넷째 페이지와 다섯 째 페이지에서 법정 드라마를 계속 진행하셨습니다. 형제님은 의롭게 되는 다른 길을 제시하셨습니다. 유대인과 이방인 양쪽 모두에게 아직 한 가지 마지막 희망이 남아 있습니다. 그러나 한 가지뿐입니다. 그게 아니면 둘 다 유죄입니다."

"그들의 희망은 예수 그리스도입니다!" 디도가 불쑥 말했다.

"맞습니다!" 더디오가 답했다.

"하지만 바울 형제님이 이것을 제시하는 방법이 참 특별합니다. 바울 형제님은 오직 예수 그리스도를 믿는 믿음을 통해서만 하나님 앞에서 의롭게 된다는 것을 증명하려고 모세와 다윗과 심지어 아담까지 동원하십니다."

"그 외에 또 어떤 내용이 있나요?"

"여기까지가 전부입니다." 더디오가 말했다.

"하지만 제가 생각하기에 바울 형제님이 이어서 쓸 내용은… 그러니까… 로마 사람들과 우리 모두에게 교회 안에 있는 신자들의 삶의 핵심과 관련이 있을 것 같습니다. 바울 형제님의 눈빛에서 이것을 읽을 수 있었습니다."

다음 날 저녁이 되었지만 바울이나 더디오에게서 아무 소식도 없었다. 자정이 지난 후, 디도와 디모데는 포기하고 잠자리에 들었다.

바울은 하루를 쉬기로 결정했다. (사실, 바울은 전혀 쉬지 못했다! 바울은 자신이 전체 모임에서 설교를 할 거라고 했는데, 이를 준비하는 데 하루가 필요했다.)

다음 날, 바울은 이튿날 있을 모임에서 설교를 하겠다고 했다. 그 때문에 더디오는 바울이 로마에 있는 우리에게 쓰는 편지의 여섯째, 일곱째, 여덟째 페이지를 하루 만에 끝내고 필사까지 마쳐야 했다.

여덟 명의 젊은 형제들뿐 아니라 누가와 야손까지 한 데 모여 세 페이지를 서로에게 읽어주었다.

이들은 편지 내용에 경외심을 느꼈다.

몇 년 후 로마에서, 이 가운데 몇몇이 이 세 페이지를 처음 읽었을 때 느꼈던 감정을 내게 들려주었다. 나는 그들의 말이 무슨 뜻인지 이해할 수 있었다. 그 편지의 여섯째, 일곱째, 여덟째 페이지는 우리가 그리스도인의 삶을 사는 것에 관해 항상 알아야 할 모든 것을 요약해 놓은 것 같았다.

내가 바로 그 편지를 불과 몇 주 후에 로마에서 읽었다는 사실을 기억하길 바란다. 사실, 그 편지가 로마에 도착했을 때, 그 편지를 가장 먼저 뵈뵈 자매로부터 건네받은 것은 바로 나였다. 나는 내가 너무나 놀라운 그 편지의 여섯째, 일곱째 여덟째 페이지를 읽었을 때 일어난 일을 절대로 잊지 못할 것이다.

   내 자신의 경험, 이 세 페이지를 읽었던 경험을 나눠도 괜찮겠는가? 그 시간은 내 생애의 하이라이트였다. 바울의 편지는 완성된 지 불과 몇 주 만에 로마에 도착했다. 나는 바울이 로마의 성도들에게 보낸 편지를 이탈리아에서 가장 먼저 읽었으며, 이것을 늘 거룩한 특권으로 여기고 있다.

16
로마에 보내는 편지 (2)

　바울의 편지가 로마에 도착한 날은 내 평생에 가장 기억할 만한 날이다.
　나는 아벤틴 힐에 있는 나의 집 현관 앞에 서 있었다. 그때 누군가 대문을 여는 소리가 들렸다. 나의 집에 머물고 있던 갈라디아 출신의 젊은 형제 몇몇이 시끄럽게 떠들면서 대문을 들어서고 있었다. 그때 뵈뵈라는 이름이 내 귀에 들렸다. 나는 곧바로 대문을 향해 달려갔다. 겐그레아의 뵈뵈가 밝은 얼굴로 서 있었다.
　우리는 서로를 향해 달려가 부둥켜안았다.
　뵈뵈는 아주 좋아보였다. 어떻게 헬라의 고린도에서 이탈리아의 로마까지 그 먼 길을 온 여자가 이렇게 편안하고 환한 표정일 수 있단 말인가?

잠시 후, 우리 집 거실은 뵈뵈 자매에게 헬라 교회들에 관한 소식을 들으려는 형제자매로 가득 찼다. 우리는 다음 날 저녁에 모임을 갖고 뵈뵈 자매에게서 자세한 보고를 듣기로 했다. 나는 뵈뵈 자매가 좀 쉬어야 한다고 했다.

내가 뵈뵈 자매를 그녀가 머물 방으로 안내하자 그녀는 가죽 가방에서 네 개의 두루마리를 꺼냈다.

"자매님, 자매님의 배가 로마로 떠나기 직전에 아굴라 형제님이 아드리아 해변에서 바울 형제님에게 로마에 생길 모임에 편지를 써 달라고 부탁했었는데, 기억하세요?"

"예, 기억하고말고요!" 내가 소리쳤다.

"바울 형제님이 그 편지를 쓰셨나요?"

"그리스도 안에 있는 내 사랑하는 자매님!" 뵈뵈가 말했다. "바울 형제님은 그 편지를 쓰셨을 뿐 아니라 아주 멋지게 완성하셨답니다. 자 여기 있습니다. 이보다 재미있는 편지는 없을 겁니다."

(내 생각에 바울이 로마에 있는 우리에게 쓴 편지는 내가 지금까지 읽은 중에서 의심할 여지 없이 가장 감동적인 작품이었다. 앞으로도 이런 작품은 나오기 어려울 것 같다.)

뵈뵈 자매는 내게 네 개의 두루마리를 건네주었다. 두루마리는 모두 합쳐 열여섯 페이지였다.

그날 밤, 나는 밝은 횃불 아래 앉아 그 편지를 다 읽었다. 마지막 페이지에 이르자 눈물을 주체할 수 없었다. 바울은 우리 모두를 기억하고 있었다. 그는 자신이 로마에 파송한 모두를 기억하고 있었다! 그리고 정말 아름다운 권고를 아끼지 않았다.

나는 이 부분에서 웃지 않을 수 없었다.

"나의 동역자인 브리스가와 아굴라에게 안부를 전해 주십시오. 이 두 사람은 생명의 위협을 무릅쓰고 내 목숨을 구해 준 사람들입니다."

사실이었다. 나는 로마 시민이었지만, 나의 남편 아굴라는 유대인이었고 따라서 로마에서 추방되었는데도 불구하고 우리는 다시 로마로 돌아왔다. 그러므로 우리는 잘못하면 목이 잘릴 수도 있었다.

그러나 당신에게 해주고 싶은 이야기는 이런 게 아니다.

당신에게 말해주고 싶은 건 내가 여섯째 페이지를 읽을 때 내게 일어났던 일이다. 나는 처음 그 페이지를 읽으면서 내용을 잘못 이해하는 실수를 했다. 바울이 말한 모든 단어가 한 개인에게 해당되는 것으로 이해한 것이다.

설명하자면 이렇다. 나는 바울이 한 개인에게 말하고 있는 것으로 착각했다.

"자신을 죽은 사람으로 생각하십시오."

나는 바울이 나, 브리스길라에게 나를 죽은 사람으로 생각하라고 말하고 있는 것으로 들었다. 다른 사람들도 여섯째 페이지를 읽을 때 나와 똑같은 실수를 할 수 있을 것이다.

그런데 갑자기 뭔가가 나를 휩쓸고 지나갔다. 마치 주님의 음성을 듣는 것 같았다. 그 순간 나는 바울이 실제로 무엇을 말하고 있으며, 누구에게 말하고 있는지 깨닫게 되었다. 바울의 모든 삶과 생각과 모든 것은 항상 교회에 집중되어 있었다. 그는 한 개인이 아니라 로마의 모임 자체에 편지를 썼던 것이다.

그 순간, 나는 자신을 죽은 사람으로 생각하라는 말이 브리스길라라는 한 여인에게 "난 나를 죽은 사람으로 생각하겠어"라고 말하라는 게 아니라는 것을 깨달았다. 번개 같은 것이 내 가슴을 때렸고, 다음 순간 내 머리에는 천둥이 쳤다. 바울은 몸 전체, 즉 로마의 에클레시아에게 편지를 쓰고 있었다. 그는 한 개인이 아니라 모임 전체에게 말하고 있었다.

"여러분 모두 자신들을 한 사람으로 생각하십시오. 그리고 그 한 사람(교회)은 자신을 죽은 사람으로 생각하십시오!"

나는 의자에서 일어났다. 그리고 울기 시작했다. 나는 바로 그 순간 로마의 모임이 곧 시작될 것이며, 주님 앞에 한 사람으로 서서, 한 몸으로서 자신을 주 예수 앞에서 죽은 사람으로 생각하리라는 것을 알았다. 여럿이 모여 한 사람이 되고… 자신을 죽은 사람으로 생각한다!

당신이 여섯째 페이지를 읽게 된다면, 이것이 당신에게, 한 개인에게 쓴 편지가 아니라는 사실을 기억하기 바란다. 이 메시지는 언제나 신자들로 이루어진 한 몸, 교회에게 주어진 것이다. 하나의 모임, 에클레시아에게 주어진 것이다.

며칠 후, 우리는 성 밖의 한 공원에서 모였다. 우리는 무릎을 꿇었다. 거기서 우리, 로마의 에클레시아는 자신을 죽은 사람으로 드렸다. 그렇다. 그것은 사람들이 모여 이루어진 하나의 그룹이었다. 대략 50명이 모였지만, 50명이 아닌 한 사람이었다. 그날 공원에서 무릎을 꿇고 자신을 죄에 대해 죽고 그리스도에 대해 산 자로 드린 것은 그리스도의 신부였다. 그리스도 예수 안에 있는 새로운 종족은 죄에 대해 완전히 죽은 사람들이다.

우리는 무릎을 꿇었을 때, 이러한 신부로서 무릎을 꿇었다. 여섯 째 페이지는 개개인으로서의 우리가 아니라 그리스도의 몸으로서의 우리에게 현실이 되었다.

여섯째 페이지를 직접 읽어보기 바란다.

그러면 하나님의 은혜를 더 받으려고 계속 죄를 지어야 하겠습니까? 결코 그럴 수 없습니다. 이미 죄에 대하여 죽은 우리가 어떻게 죄 가운데 그대로 살 수 있겠습니까? 여러분은 그리스도 예수님과 연합하는 세례를 받은 우리가 그분과 함께 죽었다는 사실을 모르십니까? 우리는 그분의 죽으심과 연합하는 세례를 받음으로써 그분과 함께 묻힌 것입니다. 이것은 그리스도께서 죽은 사람 가운데서 아버지의 영광으로 살아나신 것처럼 우리도 새로운 생명 가운데서 살도록 하기 위한 것입니다.

그리스도의 죽으심으로 우리도 함께 죽었다면 그분의 부활하심과 함께 우리도 틀림없이 부활하게 될 것입니다. 우리의 옛 자아가 그리스도와 함께 십자가에 못박힌 것은 죄에 매인 육체를 죽여서 다시는 죄의 종이 되지 않게 하려는 것인 줄 압니다. 죄에 대하여 이미 죽은 사람은 죄에서 해방된 것입니다. 만일 우리가 그리스도와 함께 죽었으면 또한 그분과 함께 살아날 것도 믿습니다. 우리는 그리스도께서 죽은 사람들 가운데서 살아나셨으므로 다시는 죽으실 수 없고 죽음이 더 이상 그분을 지배하지 못할 것으로 알고 있습니다. 그리스도께서는 죄에 대하여 단 한 번 죽으시고 하나님을 위해 영원히 살아 계십니다. 이와 같이 여러분도 죄에 대해서는 죽은 사람이지만 하나님을 위해서는 그리스도 예수님 안에서 살아 있다고 여기십시오.

그러므로 죄가 여러분의 죽을 몸을 지배하지 못하게 하여 악한 욕망에 따르지 않도록 하십시오. 여러분은 몸의 어느 한 부분이라도 죄의 도구가 되게 해서는 안 됩니다. 오히려 죽은 사람 가운데서 다시 살아난 사람처럼 여러분 자신을 하나님께 바치고 여러분의 몸을 정의의 도구로 하나님께 드리십시오. 여러분은 율법 아래 있지 않고 은혜 아래 있기 때문에 죄가 여러분을 지배하지 못할 것입니다.

그러면 우리가 율법 아래 있지 않고 은혜 아래 있다고 해서 죄를 지어도 된다는 말입니까? 결코 그럴 수 없습니다. 여러분이 누구에게 자신을 바쳐 복종하면 그의 종이 된다는 것을 모르십니까? 죄의 종이 되면 죽음에 이르고 하나님께 순종하는 종이 되면 의롭게 될 것입니다. 그러나 하나님께 감사드릴 것은 전에 죄의 종이었던 여러분이 하나님의 말씀을 온전히 순종하므로 죄에서 해방되어 의의 종이 된 것입니다. 여러분은 본래 자아가 연약하기 때문에 내가 이것을 쉬운 말로 설명합니다. 여러분이 전에 부정과 불법을 위해 여러분의 몸을 죄의 종으로 드린 것처럼 이제는 여러분의 몸을 의의 종으로 드려 거룩하게 살도록 하십시오.

여러분이 죄의 종이었을 때에는 의와는 아무 상관이 없었습니다. 그 결과 얻은 유익이 무엇입니까? 지금 여러분이 부끄러워하는 것밖에 더 있습니까? 그런 생활의 결과는 영원한 죽음입니다. 그러나 이제 여러분은 죄에서 해방되어 하나님의 종이 되었고 거룩한 생활을 하게 되었으니 그 결과는 영원한 생명입니다. 죄의 대가는 죽음이지만 하나님께서 거저 주시는 선물은 우리 주 예수 그리스도 안에 있는 영원한 생명입니다.

내가 얼마나 어리석은 실수를 했었는지 모르겠다! 여섯째 페이지에는 단수로 된 단어가 거의 없었다. 온통 "우리는" "우리에게" "너희"라는 복수뿐이었다. 바울이 전체 교회에 편지하고 있는 게 너무나 분명했다. 그가 사용하는 단어들은 단수가 아니라 복수였다. 바울의 말은 전체 교회가 죄에 대해 죽고 그리스도에 대해 살아야 한다는 뜻이었다.

그러나 이것이 내가 경험한 전부는 아니었다. 일곱째 페이지를 읽을 때도 똑같이 엄청난 일이 일어났다. 그리고 여덟째 페이지를 읽을 때는 말로 표현할 수 없는 훨씬 더 큰 일이 일어났다!

17
로마에 보내는 편지 (3)

 내가 바울이 로마에 있는 우리에게 쓴 편지 중 일곱째 페이지를 가장 좋아한다고 한다면 아마 당신은 의외라고 생각할지도 모르겠다. 내가 이 페이지를 읽을 때 이런 일이 일어났다.
 일곱째 페이지에서, 바울은 자신과 모세 율법의 싸움을 들려주고 있었다. 일곱째 페이지는 한 사람의 바리새인으로서, 모세가 기록한 6백 개의 유대 규범과 규례와 율법을 모두 지키며 살려고 너무나 힘썼던 바울의 자서전이었다. 나는 모세 율법이 다소의 바울을 그리스도께로 내몰았다는 것을 깨달았을 때 모든 게 너무나 아름답게 보였다!
 그러나 또 다시 하나의 계시가, 나의 영혼에서 그리고 주님에게서 직접 온 계시가 눈을 뜰 수 없을 만큼 밝은 빛으로 내게 임했다. 그리스도인들은 '선한 그리스도인'이 되려고 씨름한다. 그러나 언제나 실패한다.

언제나!

이 페이지는 유대교의 기준에 따라 살려고 노력했던 한 유대인의 자서전에 불과한 게 아니었다. 바울은 이렇게 말하고 있었다.

"나는 선한 유대인으로 살려고 노력했습니다… 하지만 결과는 항상 실패였습니다."

이것은 선한 그리스도인의 삶을 살려고 애쓰지만 비참하게 실패하는 한 그리스도인의 자서전일 수도 있었다.

나는 잠시 멈추었다. 그리고 이 페이지를 다시 읽었다. 눈이 번쩍 뜨일 만큼 깜짝 놀랐다. 떨리는 손가락으로 한 줄 한 줄 짚어 나갔다. 바울이 자신은 모세 율법을 지키려고 애쓰고 있다고 말하는 곳마다 내게 이렇게 말하는 소리가 들렸다.

"그리스도인들은 그리스도인의 삶을 살려고 노력하면서 모두 똑같은 경험을 합니다."

나는 알고 있다! 나는 '선한 그리스도인의 삶'을 살려고 애썼다. 나는 이렇게 살려고 노력하는 게 우리의 종교적 본성이라고 생각한다. 그러나 그리스도인의 삶이란 없으며, 그리스도인의 삶을 사는 것도 없다. 오직 그리스도만 있을 뿐이다.

이것이 바울이 말하고 있는 것이었다. 당신이 구원받지 못한 유대인이든 이방인 그리스도인이든 간에, 우리 가운데 그 누구도 우리가 마땅히 해야 한다고 스스로 정해놓은 기준이나 우리가 생각하는 하나님의 기준에 맞게 살지 못한다.

나는 일곱째 페이지를 다시 읽었다. 예수 그리스도의 제자로서 나는 이 단락을 이렇게 읽었다.

"나는 내가 그리스도인으로서 하려고 노력한 것, 즉 하나님을 기쁘시게 하는 일을 할 수 없었다. 반면에 내가 그리스도인으로서 해서는 안 된다고 알고 있는 것들을 하고 말았다."

유대인인 바울이 이렇게 외쳤다.

"나는 참으로 비참한 사람입니다." 나도 이렇게 외쳤다.

"나는 참으로 비참한 사람입니다. 나는 그리스도인의 삶을 살 수 없습니다! 누가 그리스도인의 삶을 살려고 발버둥치는 싸움에서 나를 구해줄 수 있습니까?"

나는 바울이 뒤이어 쓴 내용을 읽으면서 흐르는 눈물을 주체할 수 없었다.

"우리 주 예수 그리스도를 통해 나를 구원해 주신 하나님께 감사합니다."

바울은 불가능한 기준에 맞춰 살려고 애썼고, 나는 그리스도인의 삶을 살려고 너무나 힘썼다. 그러나 둘 다 실패했다. 그리고 둘 모두를 위한 해결책은 동일했다. 예수 그리스도였다.

내 평생에 가장 큰 계시가 그날 밤 내게 임했다. 나는 그리스도인의 삶을 살 수 없다. 나는 실패한다!

"주님, 오직 당신만이 그리스도인의 삶을 사실 수 있습니다."

내가 이렇게 외칠 때, 놀라운 자유와 기쁨이 몰려왔다.

우리 그리스도인들은 그리스도인의 삶을 살 수 없다. 우리가 노력해도 실패할 것이다. 우리는 주님을 기쁘시게 하려고 정말 열심히 애쓸 것이다. 하나님을 더 닮을 수 있는 방법을 찾아서 행하려고 항상 애쓸 것이다. 얼마나 어리석은가! 그분이 보시기에 우리는 이미 거룩하며 흠이 없다. 그리스도인의 삶을 사시는 분은 오직 그리스도뿐이다.

바울이 로마에 쓴 편지의 일곱째 페이지를 읽을 때 당신의 이름이 거기 적힌 것처럼 읽길 바란다. 완벽한 그리스도인이 되려는, 그리스도인의 삶을 살려는 노력을 내려놓아라. 이 페이지가 당신에게도 말할 것이다.

형제 여러분, 율법을 아는 사람들에게 내가 말합니다. 여러분은 사람이 살아 있을 동안에만 율법의 지배를 받는다는 것을 모르십니까? 결혼한 여자는 남편이 살아 있을 동안에는 법적으로 그에게 매여 있지만 남편이 죽으면 그 법에서 자유롭게 됩니다. 남편이 살아 있는데 다른 남자와 결혼하면 그 여자는 간음죄를 짓게 되지만 남편이 죽은 후에는 다른 남자에게 시집을 가도 죄가 되지 않습니다.

형제 여러분, 그러므로 십자가에 못박히신 그리스도를 통해 여러분도 율법에 대하여 죽었습니다. 이것은 우리가 다른 분, 곧 부활하신 그리스도의 사람이 되어 하나님을 위해 열매를 맺기 위한 것입니다. 우리가 육신의 지배를 받을 때에는 율법에 의해 일어난 죄의 욕망이 우리 안에서 작용하여 죽음에 이르는 열매를 맺었습니다. 그러나 이제는 우리가 얽매였던 율법에 대하여 죽고 거기서 해방되었습니다. 그러므로 우리는 율법에 의한 낡은 방법이 아니라 성령님의 새로운 방법으로 하나님을 섬기게 되었습니다.

그러면 율법이 죄입니까? 결코 그렇지 않습니다. 율법이 없었다면 내가 죄를 알지 못했을 것입니다. 만일 율법이 탐내지 말아라 하고 말하지 않았다면 탐욕이 무엇인지도 몰랐을 것입니다. 그러나 죄가 계명으로 기회를 틈타서 내 속에 온갖 탐심을 일으켜 놓았습니다. 그것은 율법이 없으면 죄는 죽은 것이기 때문입니다.

내가 한때는 율법 없이 살았습니다. 그러나 계명을 알게 되자 죄는 살아나고 나는 죽었습니다. 생명을 주기 위한 그 계명이 오히려 나에게 죽음을 가져다 준 것입니다. 이것은 죄가 계명으로 기회를 틈타 나를 속이고 그 계명으로 나를 죽였기 때문입니다. 그러므로 율법과 계명은 다 거룩하고 의롭고 선합니다. 그렇다면 선한 것이 나에게 죽음을 가져왔다는 말입니까? 결코 그렇지 않습니다. 사실 나를 죽인 것은 죄입니다. 죄가 죄로서의 본성을 드러내기 위해 선한 그것을 이용하여 나를 죽였으니 죄는 계명으로 철저하게 악한 성격을 띠게 되었습니다. 우리는 율법이 영적인 것이라고 알고 있는데 나는 육신에 속한 사람이 되어 죄의 종으로 팔렸습니다. 나는 내가 하는 일을 이해하지 못합니다. 이것은 내가 원하는 것은 하지 않고 도리어 원치 않는 것을 하기 때문입니다. 만일 내가 원치 않는 일을 하게 되면 그것은 율법이 선하다는 것을 내가 인정하는 것이 됩니다. 그러나 이것을 행하는 것은 내가 아니라 내 속에 있는 죄입니다.

선한 일을 하고 싶어 하면서도 그것을 실천하지 못하는 것을 보면 나의 옛 성품 속에는 선한 것이 없음을 알 수 있습니다. 나는 내가 바라는 선한 일은 하지 않고 원치 않는 악한 일을 하고 있습니다. 만일 내가 원치 않는 것을 한다면 그렇게 하는 것은 내가 아니라 내 속에 있는 죄입니다. 여기서 나는 하나의 원리를 발견했는데 그것은 선한 일을 하려는 나에게 악이 함께 있다는 사실입니다. 나의 내적 존재는 하나님의 법을 좋아하지만 내 육체에는 또 다른 법이 있습니다. 그것이 내 마음과 싸워서 나를 아직도 내 안에 있는 죄의 종으로 만들고 있다는 것을 알았습니다. 아아, 나는 얼마나 비참한 사람인가요! 누가 이 죽음의 몸에서 나를 구해 내겠습니까? 우리 주 예수 그리스도를 통해 나를 구원해 주신 하나님께 감사합니다. 아직도 내 마음은 하나님의 법을 따르고 육신은 죄의 법을 따르고 있습니다.

여덟째 페이지로 넘어갔을 때, 거의 동이 텄다.

나는 여덟째 페이지를 읽을 때도 여섯째 페이지를 읽을 때와 동일한 실수를 했다. 여덟째 페이지를 마치 한 개인에게 쓴 편지처럼 읽어버린 것이다. 여덟째 페이지는 내가 읽은 것 가운데 가장 아름다운 문학 작품이었다. 하지만 나는 그 페이지를 잘못 읽고 있었.

반쯤 읽었을 때, 모든 게 '나'를 가리키는 게 아니라는 게 눈에 들어왔다. 바울은 다시 복수형을 사용하고 있었던 것이다.

나는 다시 한 번 눈물이 솟구치는 걸 멈출 수 없었다.

"주님, 바울 형제님이 여기서 쓰고 있는 것을 보게 하소서. 그의 눈으로 보게 하소서. 그리고 주님의 눈으로 보게 하소서. 주님은 제게 말씀하고 계시는 게 아닙니다. 저는 제 혼자 힘으로 이길 수 없다는 것을 압니다. 이 영광스러운 글이 이곳 로마의 모임을 위한 것임을 보게 하소서. 단어 하나 하나가 모임 가운데서 살아가는 한 그리스도인과 관계가 있음을 보게 하소서.

주님, 저는 보았습니다! 그리스도인의 삶과 에클레시아의 삶은 분리될 수 없습니다."

나는 그 페이지를 다시 읽었다. '여러분'이라는 말이 나올 때마다 로마에서 모이는 예수 그리스도의 모임으로 바꿔 읽었다.

너무나 감격스러웠다. 여덟째 페이지에서 매 줄마다 바울은 전체 에클레시아에게 말하고 있었다. 나 자신은 바울이 로마의 성도들에게 보낸 편지의 멋진 부분, 곧 여덟째 페이지의 한 부분일 뿐이었다.

나는 소리쳤다.

"주님, 내가 이 페이지를 한 개인을 위한 것인 양 보지 않게 해주소서. 나를 신자들의 공동체 가운데 두소서! 나의 눈을 열어 바울 형제님이 말하는 모든 것을 에클레시아와 연관 지어 보게 하소서! 이 놀라운 단락은 내가 그리스도의 몸 안에서 살 때만 내게 적용됨을 믿습니다. 또한 주님, 나를 영원히 이 모임 안에 두시어 여덟째 페이지의 말씀이 내게 영원히 진리가 되게 하시며, 나뿐 아니라 나와 함께 모이는 모든 형제자매들에게도 진리가 되게 하소서."

이제 내가 그날 밤에 읽은 여덟째 페이지를 그대로 소개하겠다. 그리스도인의 삶과 에클레시아의 삶이 분리될 수 없음을 기억해주기 바란다. 당신이 에베소든, 고린도든, 그 어디에 있든지 간에 그리스도의 몸의 공동체 안에서 살기 바란다. 오직 거기서만 그리스도인의 삶이 승리의 삶일 수 있다.

그러므로 이제 그리스도 예수님을 믿는 사람들에게는 유죄 판결이 없습니다. 이것은 그리스도 예수님을 통해서 생명을 주시는 성령님의 능력이 죄와 죽음의 굴레에서 여러분을 해방시켜 주셨기 때문입니다. 우리의 타락한 성품 때문에 율법이 연약하여 할 수 없는 그것을 하나님은 하셨습니다. 하나님께서는 죄의 문제를 해결하시기 위해 자기 아들을 죄 많은 인간의 모양으로 보내시고 우리의 죄값을 그에게 담당시키신 것입니다. 그것은 육신을 따라 살지 않고 성령님을 따라 사는 우리에게 율법의 요구를 이루기 위한 것입니다.

육신을 따라 사는 사람은 육신의 일을 생각하지만 성령님을 따라 사는 사람은 성령님의 일을 생각합니다. 육적인 생각은 죽음을 뜻하고 영적인 생각은 생명과 평안을 뜻합니다. 육적인 사람은 하나님의 법에 복종하지도 않고 또 복종할 수도 없기 때문에 하나님과 원수가 되고 맙니다. 육신의 지배를 받는 사람은 하나님을 기쁘시게 할 수 없습니다.

그러나 성령님이 여러분 안에 계시면 여러분은 육신의 지배를 받는 것이 아니라 성령님의 지배를 받습니다. 누구든지 그리스도의 영이 없으면 그리스도의 사람이 아닙니다. 그러나 그리스도께서 여러분 안에 살아 계시면 비록 여러분의 몸은 죄로 죽어 있으나 영은 의로 인해서 살아 있는 것입니다.

죽은 사람들 가운데서 예수님을 다시 살리신 분의 영이 여러분 안에 계시면 그리스도를 살리신 그분이 여러분 안에 계시는 성령님을 통해 여러분의 죽을 몸도 살리실 것입니다. 형제 여러분, 우리가 빚진 사람들이지만 육신의 빚을 지고 육신을 따라 살아서는 안 될 것입니다. 만일 여러분이 육신을 따라 살면 죽을 것이지만 성령님을 통해 육적인 악한 행위를 죽이면 살 것입니다. 성령님의 인도를 받는 사람은 다 하나님의 아들들입니다.

여러분은 다시 두려워해야 할 종의 영을 받은 것이 아니라 하나님의 아들이 되게 하는 성령을 받았습니다. 그래서 우리는 성령님을 통해 하나님을 나의 아버지라고 부릅니다. 바로 그 성령님이 우리 영과 함께 우리가 하나님의 자녀라는 사실을 증거하십니다. 우리가 하나님의 자녀라면 하나님의 상속자로서 그리스도와 공동 상속인이 되는 것입니다. 그러므로 우리가 그리스도와 함께 영광을 받으려면 그분과 함께 고난도 받아야 합니다.

지금 우리가 받는 고난은 앞으로 우리에게 나타날 영광과 전혀 비교가 되지 않는다고 생각합니다. 모든 피조물들은 하나님의 아들들이 나타나기를 애타게 기다리고 있습니다. 피조물이 헛된 것에 복종한 것은 스스로 한 것이 아니라 하나님께서 그렇게 하신 것입니다. 그래서 그것들도 썩어질 것의 종살이에서 벗어나 하나님의 아들들이 누리는 영광스런 자유를 누리게 하려는 것입니다. 우리는 지금까지 모든 피조물들이 함께 신음하며 고통당하는 것을 알고 있습니다. 이것뿐만 아니라 성령을 첫 열매로 받은 우리까지도 속으로 신음하며 하나님의 아들이 되는 것, 곧 우리 몸이 구원받기를 갈망합니다. 우리는 이 희망 가운데서 구원을 받았습니다. 그러나 보이는 희망은 희망이 아닙니다. 눈 앞에 보고 있는 것을 누가 바라겠습니까? 만일 우리가 보지 못하는 것을 바란다면 참고 그것을 기다려야 할 것입니다.

성령님도 우리의 연약함을 도와주십니다. 우리가 어떻게 기도해야 될지 모를 때 성령님이 말할 수 없는 탄식으로 우리를 위해 기도해 주십니다. 사람의 마음을 살피시는 하나님은 성령님의 생각을 아십니다. 이것은 성령께서 하나님의 뜻을 따라 성도들을 위해 기도하시기 때문입니다.

하나님을 사랑하고 그분의 계획대로 부르심을 받은 사람들에게는 결국 모든 일이 유익하게 된다는 것을 우리는 알고 있습니다. 하나님께서는 미리 아신 사람들이 자기 아들의 모습을 닮게 하시려고 그들을 예정하시고 그리스도가 많은 성도들 가운데 맏아들이 되게 하셨습니다. 하나님은 예정하신 사람들을 부르시고 부르신 그들을 의롭다 인정하시고 의롭다고 인정하신 그들을 또한 영화롭게 하셨습니다.

그렇다면 우리가 이 일에 대하여 무슨 말을 할 수 있겠습니까? 만일 하나님이 우리 편이시라면 누가 감히 우리를 대항할 수 있겠습니까? 자기 아들까지도 아끼지 않으시고 우리 모든 사람을 위해 내어주신 하나님이 어찌 그 아들과 함께 다른 모든 것도 우리에게 아낌없이 주시지 않겠습니까?

하나님이 택하신 사람들을 누가 감히 고발하겠습니까? 우리를 의롭다고 인정하신 분이 하나님이신데 누가 우리를 죄인으로 단정하겠습니까? 그리스도 예수님은 죽었다가 다시 살아나셔서 하나님의 오른편에서 항상 우리를 위해 기도해 주십니다. 그런데 누가 우리를 그리스도의 사랑에서 끊는단 말입니까? 고난입니까? 괴로움입니까? 핍박입니까? 굶주림입니까? 헐벗음입니까? 위험입니까? 칼입니까? 이것은 성경에 우리가 주를 위해 하루 종일 죽음의 위험을 당하고 도살장의 양 같은 취급을 받습니다라고 한 말씀과 같습니다. 그러나 우리를 사랑하시는 그리스도를 통해 우리는 이 모든 것을 거뜬히 이깁니다.

그러므로 죽음이나 생명이나 천사들이나 지옥의 권세나 현재 일이나 장래 일이나 능력이나 높은 것이나 깊은 것이나 그 밖에 그 어떤 피조물도 우리 주 그리스도 예수님 안에 있는 하나님의 사랑에서 우리를 끊을 수 없다고 확신합니다.

지금까지 나는 바울이 고린도에서 로마로 보냈던 편지의 여섯째, 일곱째, 여덟째 페이지를 읽을 때 내게 일어난 일을 당신과 나누었다.

나는 디모데와 디도와 야손과 그 외에 모든 형제들이 더디오가 건네준 동일한 편지의 동일한 페이지들을 읽을 때 나와 마찬가지로 심히 놀랐다는 말을 들었다.

이제 고린도로 돌아가 보자.

바울이 고린도의 모임에서 전할 메시지를 준비하려고 하루를 쉬었다는 것을 기억하길 바란다.

그러므로 로마의 성도들에게 보낸 편지를 썼던 장소로 함께 돌아가 보자. 고린도로, 야손의 집으로, 여섯째, 일곱째, 여덟째 페이지를 가장 먼저 읽었던 사람들에게로 함께 돌아가 보자. 그리고 바울이 가장 특별한 메시지를 전한 고린도 교회의 전체 모임으로 함께 돌아가 보자. 바울이 고린도의 성도들에게 전한 메시지는 주목할 만한 것이었다.

18
로마에 보내는 편지 (4)

"오늘밤 저는 여러분에게 몇 가지 문제에 관해 말씀드리려고 합니다. 그것은 교회에 관한 것입니다. 이것은 우리 모두가 너무나 가까이 접하고 있는 문제입니다. 다시 말해, 우리가 그리스도의 몸이라는 사실과 관련된 문제입니다. 우리가 서로를 너무나 잘 알기 때문에 생기는 갈등입니다. 사실, 제가 모든 이방 교회에서 목격한 모든 중요한 문제를 다루려고 합니다. 모두 다 말입니다. 공동체 생활에 위기가 있는 것은 분명한 사실입니다!"

방은 사람들의 웃음소리로 진동했다.

"긴 밤이 되겠어!" 세군도가 웃으면서 말했다.

"아주 긴 밤이겠는데요." 야손도 거들었다.

"여기 목록이 있습니다." 바울이 종이 한 장을 들어 보이며 말했다.

"저는 교회에서 자주 부딪히는 이러한 문제를 모두 다룬 후 목록 전체를 로마의 신자들에게 보내는 편지에 포함시킬 계획입니다. 제가 이렇게 하는 것은 로마의 신자들이 우리가 공동체 생활에서 경험하는 모든 것을 통해 배웠으면 하는 바람 때문입니다. 그들은 적어도 에클레시아의 공동체 생활에서 어떤 문제가 생기는지 알게 될 것입니다."

그날 밤, 바울은 모두에게 그들을 향한 하나님의 자비를 상기시키는 것으로 설교를 시작했다. 바울이 전한 메시지는 그가 로마에 있는 우리에게 쓴 편지의 여러 페이지와 아주 비슷했다.

그러므로 형제 여러분, 내가 하나님의 자비를 생각하며 권합니다. 여러분의 몸을 하나님이 기뻐하시는 거룩한 산 제물로 드리십시오. 이것은 여러분이 드릴 영적 예배입니다. 여러분은 이 세상을 본받지 말고 마음을 새롭게 하여 변화를 받으십시오. 그러면 하나님의 선하시고 기뻐하시고 완전하신 뜻이 무엇인지를 알게 될 것입니다.

이렇게 서두를 꺼낸 후, 바울은 교회 공동체의 삶에서 자주 나타나는 문제를 네 페이지에 걸쳐 다루었다. 이것은 로마의 교회에 큰 도움이 되었다. 로마에 있는 우리는 바울이 네 페이지에서 다룬 모든 위기를 사실상 다 겪었다. 그러나 우리만 겪은 게 아니라 모든 교회에 다 적용되는 내용들이다. 모든 교회가 이러한 문제들을 겪고 있기 때문이다.

그 이유가 뭘까? 하나님의 백성이 깨어 있는 순간마다 서로의 삶에 관여할 때 문제가 발생하기 때문이다. 그리고 이러한 문제들은 예측 가능하다. 바울이 하나의 교회를 이루며 사는 우리에게 말한 것은 에클레시아의 삶을 공유하는 모두에게 적용된다.

당신도 이 네 페이지를 읽어보고 싶을 것이다. 바울이 제시한 문제는 공동체의 삶을 사는 모든 신자가 겪는 것이다.

희망의 원천이 되시는 하나님이 여러분에게 믿음으로 기쁨과 평안을 마음껏 누리게 하셔서 여러분의 희망이 성령님의 능력으로 넘치기를 바랍니다.

형제 여러분, 나는 여러분이 선하고 지혜로워서 충분히 서로 가르칠 수 있으리라고 믿습니다. 그러나 내가 여러분에게 몇 가지 점을 상기시키려고 이것을 아주 담대하게 기록했습니다. 내가 이렇게 담대해진 것은 하나님이 나에게 주신 은혜 때문입니다. 그 은혜로 나는 이방인들을 위해 일하는 그리스도 예수님의 일꾼이 되어 기쁜 소식을 전하는 제사장 일을 하고 있습니다. 그것은 이방인들이 성령으로 거룩하게 되어 하나님이 받으실 만한 제물이 되게 하려는 것입니다. 그러므로 나는 하나님을 섬기는 일을 그리스도 예수님 안에서 자랑스럽게 여깁니다. 나는 그리스도께서 이방인들을 인도하여 하나님께 순종하도록 하기 위해 나를 통해서 행하신 일 외에는 말하지 않으려고 합니다. 하나님은 이것을 말씀과 행동과 놀라운 기적과 성령님의 능력으로 하셨습니다. 나는 이 일로 예루살렘에서 일루리곤까지 그리스도의 기쁜 소식을 힘껏 전했습니다.

나는 남이 세워 놓은 터 위에 건축하지 않으려고 그리스도가 알려지지 않은 곳에서만 기쁜 소식을 전하려고 애썼습니다. 이것은 성경에 그의 소식을 듣지 못한 사람들이 보고 깨달을 것이다라고 기록된 말씀과 같습니다.

바울은 로마의 교회에게 자신이 가능한 한 빨리 로마를 방문할 계획이라는 말로 이 페이지를 끝냈다. 이제 편지를 마무리하는 일만 남았다. 바울은 편지를 마무리하는 데 한 페이지를 다 할애했다. 바울은 로마에 있는 우리들을, 자신이 이름을 기억할 수 있는 사람들을 하나씩 부르면서 인사를 했다.

그 뒤에 바울은 마지막 권면을 했다. 디모데, 누가, 소바더(소바더가 로마에 있는 동안은 라틴식 이름, 소시바델이라고 불렸다), 야손, 바울을 자기 집에 모신 가이오, 고린도의 재무관 에라스도, 이들 모두가 바울이 편지를 마무리할 때 그의 곁에 있었다. 바울은 자신의 경호원 구아도도 언급했다.

마지막 인사 뒤에, 바울은 친필로 아주 친밀한 끝말을 썼다. 당신이 이 끝말을 읽게 된다면 약 40명의 신자들이 로마의 우리 집에 모여 이 따뜻한 축언을 처음 읽었을 때의 광경을 상상해 보기 바란다.

그리스도 예수님을 위해 나와 함께 일하는 동역자 브리스가(브리스길라)와 아굴라에게 문안하여 주십시오. 그들은 나를 위해 자기들의 목숨도 아끼지 않았습니다. 그래서 나뿐만 아니라 이방인의 모든 교회도 그들에게 감사하고 있습니다. 그리고 그들의 집에서 모이는 교회에도 문안해 주십시오.

나의 사랑하는 친구 에배네도에게 문안해 주십시오. 그는 아시아에서 처음으로 그리스도에게 돌아온 성도입니다. 여러분을 위해 많은 수고를 한 마리아에게 문안해 주십시오. 나의 친척이며 나와 함께 감옥에 갇혔던 안드로니고와 유니아에게 문안해 주십시오. 그들은 사도들 가운데서도 뛰어난 사람들이며 나보다 먼저 그리스도인이 된 사람들입니다. 주 안에서 내가 사랑하는 암블리아에게 문안해 주십시오. 그리스도를 위해 함께 일하는 동역자 우르바노와 나의 사랑하는 친구 스다구에게 문안해 주십시오.

그리스도 안에서 인정을 받은 아벨레에게 문안해 주십시오. 아리스도불로의 집안 사람들에게 문안해 주십시오. 내 친척 헤로디온에게 문안해 주십시오. 나깃수의 집안 사람 중 주님을 믿는 사람들에게 문안해 주십시오. 주 안에서 수고한 두 자매 드루배나와 드루보사에게 문안해 주십시오. 주 안에서 많은 수고를 한 사랑하는 자매 버시에게 문안해 주십시오. 주 안에서 선택된 루포와 그의 어머니에게 문안해 주십시오. 그분은 바로 내 어머니이기도 합니다.

아순그리도, 블레곤, 허메, 바드로바, 허마, 그리고 그들과 함께 있는 여러 성도들에게 문안해 주십시오. 빌롤로고, 율리아, 네레오와 그의 자매, 올름바, 그리고 그들과 함께 있는 모든 성도들에게 문안해 주십시오. 여러분은 성도의 사랑으로 서로 인사를 나누십시오. 그리스도의 모든 교회가 여러분에게 문안합니다.

형제 여러분, 내가 여러분에게 권합니다. 여러분이 배운 교훈과는 달리 분열을 일삼고 여러분의 신앙 생활에 장애물을 놓는 사람들을 조심하고 그들을 멀리하십시오. 그런 사람들은 우리 주 그리스도를 섬기지 않고 자기들의 이익만을 추구하며 간사하고 아첨하는 말로 순진한 사람들을 속이고 있습니다. 여러분의 순종에 대한 소문이 자자하니 내 마음이 기쁩니다. 그러나 나는 여러분이 선한 일에는 지혜롭고 악한 일에는 순결하기를 바랍니다. 평화의 하나님이 곧 사탄을 쳐서 여러분의 발 아래 굴복시키실 것입니다. 우리 주 예수님의 은혜가 여러분과 함께하기를 바랍니다.

나의 동역자 디모데와 내 친척 누기오와 야손과 소시바더가 여러분에게 문안합니다. 이 편지를 받아 쓰는 나 더디오도 주님의 이름으로 여러분에게 문안합니다.

자기 집을 교회로 제공하여 나와 성도들을 접대한 가이오와 이 도시의 재무관 에라스도와 믿음의 형제 구아도가 여러분에게 문안합니다.

하나님은 내가 전하는 기쁜 소식과 예수 그리스도에 관해서 선포된 말씀으로 여러분을 믿음에 굳게 세우실 수 있습니다. 그 기쁜 소식은 오랜 세월 동안 감추어져 있었던 비밀이었습니다만 이제는 영원하신 하나님의 명령으로 예언자들의 글을 통해 계시되고 알려져서 모든 민족이 믿고 순종하게 되었습니다. 이처럼 지혜로운 유일하신 하나님께 예수 그리스도를 통하여 길이길이 영광이 있기를 기도합니다. 아멘.

이제 한 가지만 남았다. 이 편지를 어떻게 안전하게 로마에 전할 것인가? 이것은 결코 작은 문제가 아니었다.

19
로마에 보내는 편지 (5)

　바울이 로마에 있는 우리에게 편지를 전할 사람으로 뵈뵈 자매를 선택한 것은 뵈뵈가 사업상의 일로 로마에 갈 계획이었기 때문이라고들 알고 있다. 하지만 사실 바울이 뵈뵈를 선택한 것은 그녀를 깊이 신뢰했기 때문이다. 바울은 뵈뵈를 헬라에서 로마로 보내 우리와 합류하게 했다.

　나처럼 뵈뵈 자매도 로마 시민이었다. 게다가 그녀는 빈틈없는 여성 사업가였다. 그녀는 로마에 온 지 얼마 되지 않아 회사를 세웠고 여러 형제자매들이 거기서 일할 수 있게 해주었다. 그러나 바울이 뵈뵈를 선택한 보다 근본적인 이유는 그리스도를 향한 그녀의 사랑 때문이었다.

　이제 거의 알려지지 않은 이야기를 해야겠다. 뵈뵈 자매가 떠나기 얼마 전, 바울은 편지에 세 페이지를 추가하기로 했다. 세 페이지는 무엇보다도 유대인들과 예수 그리스도의 관계에 관한 내용이었다. 뵈뵈가 배에 오를 때, 바울은 새 두루마리를 건네주면서 이렇게 말했다.

"뵈뵈 자매님, 자매님이 갖고 있는 편지는 모두 열세 페이지로 되어 있습니다. 여기 세 페이지가 더 있습니다. 이 세 페이지를 어디에 끼워 넣는 게 좋을지 한번 찾아봐 주세요. 셋째 페이지 뒤나 여덟째 페이지 뒤에 끼워 넣어도 괜찮을 것 같긴 한데…."

뵈뵈는 추가된 세 페이지를 여덟째 페이지 뒤에 끼워 넣기로 했다. (하지만 나는 이 세 페이지를 셋째 페이지 뒤에 끼워 넣었으면 훨씬 더 좋지 않았을까라는 생각이 든다.)

그리고 배에서 더디오가 한 부분을 추가했다. 더디오는 마지막 페이지 맨 위에 이렇게 추가했다.

나는 겐그레아 교회의 일꾼이요 우리의 자매인 뵈뵈를 여러분에게 추천합니다. 여러분은 성도의 사랑으로 주 안에서 그녀를 정중하게 맞아들이고 무슨 일이든지 그녀가 도움이 필요할 때는 아낌없이 도와주십시오. 그녀는 많은 사람을 도와주었으며 나도 그녀의 도움을 많이 받았습니다.

배가 출발하자 고린도와 겐그레아의 형제자매들이 항구에 서서 사랑하는 뵈뵈 자매에게 손을 흔들며 작별 인사를 했다.

단검파가 고린도에 도착한 것은 이 무렵이었다. 그들의 단검은 바울을 향하고 있었다.

그 이야기를 해야겠다. 먼저 당신은 이렇게 물을 것이다.

"아굴라가 이탈리아에 도착했을 때, 그는 유대인이었는데 어떻게 로마에 들어갈 수 있었는가? 그는 로마에 들어감으로써 글라우디오 황제의 칙령(모든 유대인은 로마에 들어올 수 없으면 이를 어길 경우 사형에 처한다)을 어겼기 때문에 참수를 당하지는 않았는가?"

20
브리스길라와 뵈뵈

아굴라와 나 그리고 갈라디아에서 온 다섯 명의 독신 형제들이 로마 성문에 도착했을 때, 아굴라는 성에 들어가지 못 하고 성 밖 시골에 머물렀다.

나는 곧바로 아벤틴 힐에 있는 나의 새 집으로 향했다. 그리고 며칠 동안 성안의 모든 친구와 아는 사람들에게 물었다(로마에는 가이사의 권속을 비롯해 내가 아는 사람들이 많았다).

"혹시 로마로 돌아온 유대인들이 있습니까? 네로 황제는 글라우디오 황제의 칙령과 유대인들에 대해 어떤 태도를 취하고 있습니까?"

사람들은 이렇게 말했다.

"네로라면 잊어버리세요."

"네로는 어린아이입니다. 세네카가 제국을 다스리지요. 유대인들에 대한 그의 태도는 알려진 게 없습니다. 부인의 질문에 답을 줄 수 있는 사람은 없을 겁니다."

몇몇 유대인이 트라스타버 구역으로 돌아왔으나 체포된 사람은 없었다. 그래도 내가 어떻게 해야 할지 모르고 있을 때 아굴라가 나의 딜레마를 해결해 주었다. 우리가 도착한 지 사흘째 되던 날, 아굴라는 시골을 떠나 로마로 들어와 우리 집에 나타났다!

"여기 내 목이 있소. 내 목을 원하는 사람 있소?"

그가 방으로 들어오면서 말했다.

나는 사랑하는 남편을 포옹하면서 기뻐서 웃었다. 그리고 남편을 가볍게 나무랐다. 그러나 이때쯤에는 남편이 로마에 있어도 별 문제가 없으리라는 것을 알았다.

뵈뵈가 도착한 직후, 로마 군인 하나가 우리 집에 나타났다. 그가 온 것은 로마 시민인 내가 집을 산 것과 관련이 있었다. 어떤 이유 때문인지 모르지만, 그는 내가 로마 시민이라는 증거를 제시하라고 요구했다.

"아주머니는 로마 사람처럼 보이지 않는군요."

그는 전형적인 로마 군인들이 취하는 위협적인 태도로 말했다.

"이유가 뭔가요?" 나는 그에게로 바짝 다가가 얼굴을 정면으로 쳐다보며 물었다.

"아주머니는 눈이 파랗습니다."

그때 뵈뵈가 끼어들어 나보다 더 대담하게 말했다.

"나는 눈이 녹색인데 로마 시민이요. 네로 황제께서도 눈이 파랗다는 거 아시오?"

"정말입니까?" 군인이 놀란 표정으로 물었다.

"줄리어스 시저께서도 눈이 파랗소." 뵈뵈가 계속 몰아붙였다.

"그래요?" 거의 겁에 질린 군인이 대답했다.

그때 내가 끼어들어 말했다.

"이제부터 나를 부를 때는 브리스길라 부인이라고 하시오."

그러자 군인은 뒤로 멈칫 물러나더니 더듬거리며 말했다.

"그렇다면 부인께서는 황제의 집안과 친분이 있으신가요?"

"나는 더 큰 집안 출신이오. 만왕의 왕 말이오."

군인은 이해하지 못한 채 얼굴이 벌게졌다.

"나를 괴롭혔다고 황실 근위대에 보고해야겠으니 이름이나 말하시오."

나는 그를 뚫어져라 쳐다보면서 계속 쏘아붙였다. 군인은 얼굴이 창백해지더니 대문 쪽으로 뒷걸음질 쳤다. 그가 떠난 후 뵈뵈와 나는 안전하게 지켜주신 주님께 감사 기도를 드렸다.

여섯 달 가량 지난 후, 유대인들이 조금씩 로마로 돌아오기 시작했다. 가장 먼저 돌아온 사람들은 유대 회당의 지도자들이었다. 뒤이어 다른 사람들도 돌아왔다. 그 가운데는 신자들도 있었다. 유대인 신자들이 이방인들의 모임에 들어와야 했던 것은 바울의 선견지명 때문이었다. 당연하겠지만 로마는 이방 도시이기 때문이었다. (로마의 교회는 7년 후에 사실상 사라졌다. 그러나 한 세대가 지난 지금도 로마의 교회는 이방인이 중심이며 로마의 분위기를 반영하고 있다.)

이제 고린도와 단검파에게로 돌아가 보자.

21
고린도에서 드로아로 떠나다

"바울 형제님, 저들이 왔습니다. 저들이 고린도에 왔습니다."
야손이었다. 그가 다시 말했다.
"저들이 어젯밤에 회당 지도자들을 찾아갔습니다."
바울은 누가 왔다는 것인지 물을 필요가 없었다.
"이상한 것은 단검파가 나를 찾아내는 데 아주 오래 걸렸다는 걸세."
바울이 결연한 표정으로 답했다.
"바울 형제님, 저희가 형제님을 성 밖으로 안전하게 빼낼 때까지 몸을 숨기셔야 합니다. 시의 재무관 에라스도 형제님이 이미 거처 뿐 아니라 경호원까지 준비해 놓았습니다. 시카리파라 하더라도 시의 관리는 물론 그의 경호원을 공격하지는 못할 겁니다. 물론 구아도 형제가 항상 형제님 곁을 지킬 겁니다."

"맞네. 저들이 정말로 무모하지 않다면 에라스도를 공격하지는 않을 걸세. 하지만 저들이 목숨을 걸 만큼 무모하다면 나를 잡으려고 누구라도 공격할 걸세." 바울이 말했다.

바울의 마음이 혼란스러웠을까? 우리는 결코 그것을 알 수 없다. 그러나 한 가지 확실한 것은 바울에게는 두려워하는 기색이 없었다는 것이다.

"마지막으로 성도들을 만나야겠네." 바울이 덧붙였다.

야손이 눈살을 치키며 놀란 표정을 지었다. 그러나 다음 순간 야손은 자신의 하인에게 뭐라고 속삭였다. 잠시 후, 누가가 이끄는 아홉 명의 형제들이 방으로 들어왔다. 바울이 성도들과 마지막 만남을 갖지 못 하도록 막기 위해서였다.

"바울 형제님, 저희가 배를 준비해 형제님을 탈출시킬 때까지는 몸을 숨기셔야 합니다."

마음이 따뜻한 의사에게 전혀 어울리지 않는 목소리로 누가가 말했다.

"그렇게 하지요." 바울이 말했다.

"하지만 몰래 한다 해도 소용이 없을 걸요. 저들이 결국은 저를 찾아낼 테니까요. 차라리 공개적으로 하는 게 나을 겁니다. 가능하다면 겐그레아에서 드로아로 가는 배편이 있는지 알아봐 주십시오."

"남쪽으로 가는 배는 모두 유월절을 지키러 예루살렘에 가는 유대인들로 만원입니다. 듣기로는 단검파가 형제님이 배에 오르길 기다리고 있답니다. 그러니 배를 타시려면 밤에 타셔야 합니다." 야손이 말했다.

"정말 탁월한 계획일세." 바울이 체념한 듯 한숨을 지으며 말했다.

"내 시체가 한밤중에 아드리아해에 던져지겠는 걸. 대만족일세."

"제게 다른 방법이 있습니다." 세군도가 말했다. (그는 항상 창의적이었기 때문에 누구도 그의 말을 의심하지 않았다.)

"어서 말해 보십시오." 가이오가 재촉했다.

"저희가 드로아로 가는 배를 타는 겁니다. 바울 형제님은 북쪽으로 가는 배를 타고 빌립보로 돌아가세요. 그런 후, 빌립보에서 배를 타고 다시 드로아로 가시는 겁니다."

세군도는 자신의 계획을 좀 더 자세히 설명했다. 잠시 후, 모두가 웃으면서 그의 계획에 동의했다.

"저들의 의표를 찌르는 기막힌 계획일세." 바울이 무릎을 치며 말했다.

바울은 마지막으로 고린도의 성도들을 만났다. 이것은 세군도가 세운 계획의 일부였다. 모임 시간이 얼마 안 남았을 때 사람들이 나가서 모임 장소를 알렸다. 에라스도는 무장한 군인들을 모임 장소에서 가까운 곳에 배치했다. 바울은 여러 시간 동안 강연을 했으며 감정이 복받친 표정으로 모두에게 작별 인사를 했다. 모임이 끝난 후, 누군가가 바울이 다음날 배를 타고 드로아로 간다고 광고를 했다.

계획대로, 다음날 이른 아침 한 무리의 신자들이 겐그레아 항구로 향했다. 이들은 항구에서 배를 기다렸다.

배에 오를 때, 두기고와 드로비모와 디모데와 디도와 아리스다고와 소바더가 한 사람을 촘촘히 에워쌌다. 베일에 싸인 남자는 키가 작았고 머리를 가렸는데, 바울과 완전히 똑같은 자세로 걸었다. 더욱이 옆에 있는 모두가 그를 크게 존중할 뿐 아니라 혹시라도 날아올 단검에 대비해 잠시도 한 눈을 팔지 않고 주위를 살폈다. 물론, 망토를 뒤집어 쓴 사람은 바울이 아니라 세군도였다. 그는 바울의 기이한 몸짓을 그대로 흉내 내고 있었다. 세군도는 타고난 배우였다. 그리고 유대인 복장을 한 또 한 무리의 유대인이 같은 배에 오르는 것도 눈에 띄었다. 그들의 표정은 굳어 있었고 차가웠다.

한편, 바울과 누가는 고린도를 몰래 빠져나와 빌립보를 향해 북쪽으로 갔다. 그러나 이들은 빌립보까지 배를 타지 않고 걸어갔다.

그날 밤, 세군도는 화물 뒤에 숨은 채 망토를 벗고 겉옷을 바다에 던져 버렸다. 다음 날 아침, 항상 어두운 표정의 시카리파가 발견한 것은 시끄럽게 떠들고 노는 한 무리의 청년들이었다.

며칠 동안 시카리파는 키 작은 사람을 찾아 배를 샅샅이 뒤졌다. 그러나 그들이 찾는 사람은… 아무 데도 없었다. 배가 드로아에 도착하기 전 날, 단검파 가운데 하나가 화를 내면서 형제들에게 다가와 바울이 어디 있느냐고 소리쳤다.

"바울이라고 했소?" 세군도가 물었다.

"바울이 누구요?"

나머지 형제들은 웃음을 참느라 간신히 고개를 들고 있었다.

마지막을 장식한 것은 세군도였다. 배가 드로아에 닻을 내렸을 때, 세군도는 단검파가 먼저 내리도록 비켜주었다. 그런 후, 그는 바울의 걸음걸이를 흉내 내면서 배다리를 내려갔다. 단검파가 완전히 당했다.

여덟 명은 드로아에 도착한 후 매우 바빠졌다. (배를 타고 예루살렘으로 떠나는 시카리파에게 거칠고 화끈한 인사를 건넨 것은 말할 것도 없었다.) 일단 시카리파가 떠나자, 여덟 형제는 시내를 누비면서 드로아의 바울이 곧 와서 예수 그리스도의 복음을 선포할 거라고 전했다.

그로부터 며칠 후, 빌립보 사람들은 뜻밖의 방문객을 맞았다. 바울이었다. 주님이 부활하신지 28년 후인 4월 27일, 바울과 누가는 빌립보의 형제자매들과 함께 무교절을 지켰다.

유월절이 지난 후 곧바로, 누가와 바울은 드로아로 향하는 배를 타고 빌립보를 떠났다. 항해는 순탄했고 겨우 닷새밖에 걸리지 않았다.

바울은 드로아에 꼬박 이레를 머물렀다. 이전에는 전혀 없던 일이었다. 바울은 세상의 어떤 도시보다 드로아에서 더 큰 환영을 받았을 것이다. 드로아의 유대인들과 이방인이 하나같이 그가 왔다는 소식에 크게 기뻐했다. 블라스티니우스 드라크라크마가 드로아에서 시도했던 모든 것에도 불구하고, 회당 지도자들은 항상 바울을 크게 존경했고 반갑게 맞이했다.

예상했던 대로, 바울의 드로아 체류는 의미가 깊었다. 바울이 어쩔 수 없이 여러 차례 소홀히 할 수밖에 없었던 도시가 바울이 하는 모든 말에 반응했다. 이로 인해 드로아에 견고한 모임이 생겨났다.

"저는 우리가 에베소에 들어간 날 이후로 이렇게 시작이 멋진 것을 본 적이 없습니다."

디모데가 말했다. 바울과 함께한 사람들은 하루하루가 즐거웠다.

그러나 마지막 날, 안타깝게도 비극이 일어났다.

드로아 유적

22
드로아를 거쳐 가이사랴로 향하다

바울은 드로아에서 제일 큰 축에 속하는 집에서 설교를 하고 있었지만 사람들이 다 들어갈 수 없었다. 바울은 두 시간의 설교를 마친 후, 밖에서 기다리는 사람들에게도 설교를 하기 위해 집 안에 있는 사람들을 밖으로 내보냈다.

"여긴 너무 답답해." 누가가 혼자 중얼거렸다.

"사람들의 열기와 등불 때문에 숨쉬기조차 힘들어."

이때 유두고라는 젊은이가 좋은 자리를 차지하려고 높은 창턱에 걸터앉았다. 유두고는 바울의 설교를 듣다가 자기도 모르게 잠이 들었고 깜빡 조는 사이에 창문 밖으로 떨어지고 말았다. 사람들이 마당으로 달려갔으나 유두고는 이미 숨이 끊어진 상태였다.

유두고에게 달려간 누가가 중얼거렸다.

"상황이 안 좋은데!"

그때 바울이 달려왔다. 바울은 엘리야가 했던 것과 똑같은 행동으로, 그는 자신의 몸을 유두고의 몸에 포개고 유두고의 두 팔로 자신을 감싼 채 기도했다. 그런 후, 뒤로 물러나며 말했다.

"살았습니다!"

유두고는 숨을 쉬기 시작했다. 바울은 누가에게 형제들을 시켜 유두고를 옮기라고 했다. 그런 후 그는 다시 안으로 들어갔고 동이 틀 때까지 설교는 계속되었다. 그는 드로아에 있는 동안 매순간을 주님을 위해 소중히 사용했다.

드로아에도 바울에게 예루살렘에 가지 말라고 간청하는 형제들이 있었다. 예루살렘에서 봉기가 일어나기 직전이라는 것은 누구나 알고 있었다. 곧 닥칠 절기가 봉기의 도화선이 될 것이다.

"봉기는 피할 수 없습니다. 봉기가 일어날 때 예루살렘에 계셔서는 안 됩니다." 그가 듣고 또 들은 말이다.

"바울 형제님, 저희가 들은 모든 것으로 판단하건대, 형제님이 예루살렘에 가시더라도 환영 받지는 못하실 것 같습니다." 여덟 명의 젊은 형제들이 말했다.

"그리고 시카리파를 잊지 마십시오! 저들은 이번 봉기에 모든 것을 걸고 있으며, 방해가 된다면 누구라도 죽일 것입니다. 저들은 로마와 결탁한 자들이나 모세의 가르침을 왜곡하는 자들을 매일같이 찾아내어 죽이려 하고 있습니다."

그러나 바울은 꿈쩍도 하지 않았다. "오직 하나님만이 내 길을 돌리실 수 있네. 하지만 난 하나님이 그렇게 말씀하시는 것을 듣지 못했네."

바울 일행은 드로아 항구로 걸어가 기다리던 배에 올랐다. 배는 예루살렘으로 향하는 유대인 순례자로 가득했다.

"유대인이 정말 많군요… 어쩌면 암살자들도…."

바울의 안전이 점점 더 걱정이었다. 세군도마저도 이 딜레마를 해결할 수 없었다.

"난 며칠 간 혼자 다니겠네!" 바울이 마침내 입을 열었다.

"자네들은 이 배를 타고 가게. 이 배는 제일 먼저 앗소에 정박할 걸세. 거기까지는 겨우 40킬로미터밖에 안되네. 나는 혼자 걸어가겠네. 앗소에서 만나세."

모두들 바울의 말에 동의했다.

다음 날, 바울은 앗소에 가까이 왔을 때 무시아와 버가모와 빌라델비아와 사데와 그 외에 자신이 에베소에서 파송한 젊은 형제들이 세운 교회가 있는 도시들이 생각났다. 그 다음으로 에바브라가 생각났고 골로새 교회가 생각났다.

"소아시아 전역에 흩어져 있는 교회들과 유대 교회들 간의 교제가 절대로 끊기면 안 돼." 바울이 혼자 중얼거렸다.

바로 그때, 거대한 바위산이 눈에 들어왔다. 바위산 꼭대기에 이방 신전이 있었다.

"이 산만 넘으면 앗소구나!"

바울이 앗소에 들어갈 때쯤 그는 결심을 굳혔다. 그는 기꺼이 죽을 각오가 되어 있었다. 그러나 예루살렘을 봐야 했다.

왜 바울이 이렇게 간절히 예루살렘에 가려 하는가?

바울은 이방 교회와 유대 교회의 연합을 위해 필사적으로 노력하고 있었다. 그에게 있어서는 교회가 하나되는 게 자신의 생명보다 더 중요했다.

앗소에 들어간 바울은 동료들을 만났다. 이들은 남쪽으로 가는 배를 찾아냈지만 불행히도 그 배는 에베소를 제외한 사실상 소아시아 모든 항구를 경유할 예정이었다. 배는 에베소에서 그리 멀지 않은 밀레도에도 정박할 예정이었다. 바울이 오순절 전에 예루살렘에 도착하길 원한다면 시간이 없었다. 그러나 그는 에베소를 방문하고 싶었다.

일행은 배에 올랐고, 배는 미둘레네 섬을 지나 사모 섬에 정박했다.

"누가 형제님, 제게 괜찮은 생각이 하나 있습니다." 배가 밀레도에 가까웠을 때 바울이 말했다.

"형제님은 말을 잘 타시죠? 그러니 제게 조언 좀 해 주십시오. 밀레도에서 에베소까지 말을 타고 달리면 얼마나 걸리겠습니까?"

그렇게 해서 이들은 에베소 사람들을 불러올 계획을 세우기 시작했다.

싣고 온 화물들이 밀레도 항구에 하역되고 있었다. 배는 밀레도에 칠 일간 머물 예정이었다. 누가의 계획에 따라, 바울은 말을 잘 타는 사람을 구해 에베소 교회에 보냈다.

"에베소 교회의 장로들이 하루 내에 이곳으로 출발할 수 있을까요?"

심부름꾼이 떠난 지 겨우 40시간 후, 에베소 교회의 장로들이 밀레도에 도착했다. 도저히 믿을 수 없는 일이었다.

바울은 누구에게든 장로라는 직함을 줄 때 어떤 위험이 따르는지 항상 알고 있었다. 그는 에베소의 장로들에게 이러한 위험에 대해 이야기하기로 했다.

바울은 밀레도의 아름다운 해변 모래밭에 장로들과 마주 앉았다. 장로들의 첫 마디는 바울이 예루살렘에 가서는 안 된다는 것이었다. 그들은 이렇게 말했다.

"예루살렘은 로마 제국의 지배에서 벗어나려 하고 있습니다. 젤롯당원들과 시카리파의 수가 날마다 증가하고 있습니다. 이들 못지않게 위험한 다른 조직들도 최근 몇 달 사이에 많이 생겼습니다. 바울 형제님은 이들 모두의 블랙리스트에 올라 있습니다."

바울은 또다시 블라스티니우스의 이름을 듣고 놀랐다. 블라스티니우스가 고린도를 떠난 후 곧바로 예루살렘으로 간 것 같았다. 그리고 그가 예루살렘에서 조직을 결성했는데, 그들의 목적은 바울의 이방인 사역을 무너뜨리는 것이었다.

바울은 예루살렘에 가는 문제에 대해 전혀 설득당하지 않았다. 이것은 바울이 에베소의 장로들을 만나는 중요한 목적이 아니었다. 장로들에게 그들이 절대로 하나님의 백성 위에 군림해서는 안 된다는 것을 분명히 하는 것이 바울의 목적이었다. (당신은 바울이 쓴 아홉 편의 편지 가운데 여섯 편이 수신자가 교회라는 사실을 알 것이다. 여섯 편의 편지 어디서도, 바울은 장로들을 언급하지 않았다. 그는 항상 모든 성도들을 대상으로 편지를 썼다!)

알다시피, 그날 누가도 그 모임에 참석했다. 여기서 바울이 에베소의 장로들에게 말한 것을 정리한 누가의 기록을 소개하는 게 가장 좋을 것 같다. 본질적으로 바울이 말한 것은 이런 것이었다.

"하나님의 백성을 제가 대한 것처럼 부드럽게 대하십시오. 그리고 여러분이 아니라 이 교회를 세운 제게 권세가 있다는 것을 기억하십시오."

이것은 어떤 장로라도 들어야 할 좋은 말이었으나 교회 개척자가 될 여덟 명의 젊은 형제들에게 더욱 필요한 말이기도 했다.

장로들이 오자 바울은 그들에게 이렇게 말하였다.

여러분은 내가 아시아에 들어온 첫날부터 지금까지 여러분 가운데서 어떻게 살아왔는지를 잘 알고 있습니다. 유대인들의 음모로 여러 가지 시험을 당하면서도 나는 언제나 겸손과 눈물로 주님을 섬겨 왔습니다. 그리고 여러분에게 도움이 되는 일이라면 나는 무엇이나 주저하지 않고 여러분에게 전했으며 또 대중 앞에서나 집집마다 다니면서 그것을 가르쳤고 유대인이나 그리스 사람이나 모두 회개하고 하나님께 돌아와 우리 주 예수님을 믿어야 한다고 증거했습니다.

지금 나는 성령님의 인도로 예루살렘으로 가는 길입니다만 거기서 무슨 일을 당하게 될지 모릅니다. 다만 내가 한 가지 아는 것은 어느 도시에서나 투옥과 고난이 나를 기다린다고 성령께서 말씀해 주신 것입니다. 그러나 내가 달려갈 길을 다 가고 주 예수님에게 받은 사명, 곧 하나님의 은혜에 관한 기쁜 소식을 증거하는 일을 완성하기 위해서는 나의 생명을 조금도 귀한 것으로 여기지 않습니다.

내가 지금까지 여러분 가운데 다니면서 하나님의 나라를 전파해 왔으나 이제 여러분이 다시는 내 얼굴을 보지 못할 것입니다. 그래서 오늘 내가 여러분에게 분명히 말해 두지만 여러분 가운데 누가 멸망한다고 해도 그것은 내 책임이 아닙니다. 왜냐하면 내가 하나님의 모든 계획을 하나도 남김없이 다 여러분에게 전해 주었기 때문입니다.

여러분은 자신과 양떼를 위해 조심하십시오. 성령님이 여러분을 그들 가운데 감독자들로 세우시고 하나님이 자기 피로 사신 교회를 보살피게 하셨습니다. 내가 떠나고 나면 사나운 이리떼 같은 거짓 선생들이 여러분 가운데 들어와 양떼를 사정없이 해칠 것이며 여러분 중에서도 그와 같은 사람들이 일어나 그릇된 것을 가르쳐서 신자들을 꾀어내어 자기들을 따르게 할 것입니다. 그러므로 여러분은 정신을 바짝 차리고 내가 3년 동안이나 밤낮 쉬지 않고 각 사람을 눈물로 훈계하던 것을 기억하십시오.

이제 내가 하나님과 그의 은혜의 말씀에 여러분을 맡깁니다. 그 말씀은 여러분의 믿음을 든든히 세우고 모든 성도들이 얻는 하늘 나라의 축복을 여러분에게 줄 수 있을 것입니다. 나는 그 누구의 은이나 금이나 의복을 탐내지 않았습니다. 여러분도 알다시피 나는 나와 내 일행이 필요한 것을 손수 벌어서 썼습니다. 이처럼 내가 모든 일에 모범을 보였으니 여러분도 주는 것이 받는 것보다 복이 있다는 주 예수님의 말씀을 기억하고 열심히 일하여 약한 사람들을 도우십시오.

바울이 설교를 마쳤을 때 그 자리에 있던 모든 사람, 누가와 장로들과 여덟 형제들이 바울을 에워싼 채 무릎을 꿇고 아주 뜨겁게 기도했다.

모임이 끝나자, 바울과 일행은 곧바로 배에 올랐다. 배는 곧 출발했고 장로들은 진지한 마음으로 에베소로 향했다. 주님이 부활하신 지 정확히 28년째 되던 해 5월 14일이었다.

이후에 일어난 좋지 않은 소식을 전하려니 마음이 아프다. 대부분의 에베소 장로들은 때때로 앞에 서서 교회를 위기에서 구해내기도 했는데 이것은 평범한 형제로서의 겸손한 충성이었다. 그러나 해가 지나면서, 이들은 다른 형제자매들 위에 군림하려 할 때가 점점 많아졌다. 그리스도의 몸의 기능이 변질된 것이다.

해가 지나면서, 몇몇 장로들은 점점 더 독재자를 닮아 갔다. 몇 년 후, 불행히도 바울은 디모데를 에베소로 보내 이들을 면직시켜야 했다. 디모데는 이들의 장로직을 박탈했다! (나는 우리에게 마음을 찢고 겸손하며 한 지역의 형제들이 그리스도의 몸을 지배하지 못하도록 막을 수 있는 교회 개척자들이 있다는 사실에 하나님께 감사한다. 이런 사람들이 항상 있기를 바란다! 그리고 모든 형제는 교회에서 직함을 받는 데 따르는 위험을 항상 기억하길 바란다.)

출항한 다음 날, 배는 로도 섬을 지나갔다. 같은 시간, 실라는 그 섬에 주님의 교회를 세우고 있었다.

배는 로도를 지나 최종 목적지 바다라에 도착했다. 하나님의 은혜로, 일행은 바다라에서 베니게로 가는 배를 만났다. 이들이 배에 오르자마자 배는 출항했다. 이튿날, 이들의 눈에 구브로 섬이 보였다. 배가 구브로 섬을 지날 때, 바울은 처음 그곳을 방문했던 순간을 떠올렸다. 바울이 그때 일을 이야기하자 누가는 여느 때처럼 메모를 했다.

"여기서 안디옥이 멀지 않습니다." 디도가 말했다.

"하지만 이 배는 안디옥에 들르지 않고, 수리아의 두로로 갑니다."

배가 두로에 도착하자마자, 바울은 디도를 시내로 보내 자신의 도착을 에클레시아에 알렸다. 두로의 신자들은 갑작스럽게 들이닥친 열 명의 손님을 기쁘게 맞이했다.

배는 일주일간 두로에 머물면서 화물을 싣고 내릴 예정이었다. 그래서 바울은 두로의 많은 신자들을 만났다. 그러나 두로에서도, 바울은 똑같은 말을 들었다.

"형제님, 성령님의 이름으로 권하니 예루살렘에 발을 들여 놓지 마십시오."

그러나 바울의 대답은 언제나 똑같았다.

"아뇨, 반드시 가야합니다!"

두로에서의 마지막 날, 그곳의 모든 형제자매와 그 자녀들이 도시를 빠져나와 해변으로 향했다. 이들은 해변에서 무릎을 꿇고 기도를 드렸다. 작별 인사를 나눈 후, 바울과 일행은 다시 배에 올랐고, 배는 이스라엘을 향해 출발했다.

배는 두로에서 남쪽으로 30킬로미터 가량 달려 사실상 이스라엘 지경에 속하는 첫 번째 도시 돌레마이에 이르렀다. 일행 가운데 일곱 사람은 하나님이 아브라함에게 약속하신 땅을 처음 밟았다. 이들은 아주 흥분했다. 그날 밤, 또다시 열 명의 형제들은 돌레마이의 에클레시아에게 귀한 손님 대접을 받았다.

이제 오순절이 되려면 열나흘 남아 있었다.

바울 일행은 동틀 무렵 돌레마이를 떠나 이스라엘 지역의 로마 수도 가이사랴 마리티마(Caesarea-by-the-Sea)까지 걸어갔다. (그러나 모든 유대인들에게는 예루살렘이 이스라엘의 수도였으며 언제나 수도일 것이다.)

그 후 세 주 동안 펼쳐진 멋진 드라마를 어떻게 전해야 할까? 대부분의 사람들은 천 년을 살더라도 바울이 그 며칠 동안 겪은 일을 결코 겪지 않을 것이다. 그 며칠은 여덟의 마음에 깊이 새겨졌고, 그 시작은 히브리 예언자와의 만남이었다.

이 모든 것이 바울이 가이사랴에 들어서면서 시작되었다.

가이사랴

3부

예루살렘에서
로마로의
압송

23
가이사랴에서 예루살렘으로 오르다

바울은 죽음의 그림자를 얼굴에 드리운 채 전도자 빌립의 집으로 향했다. 빌립은 열 명의 형제들을 따뜻하게 맞아주었다.

그날 밤, 빌립은 젊은 일꾼들에게 초기 교회의 이야기를 들려주었고, 이들은 그 이야기에 매료되었다. 누가는 이번에도 메모를 잊지 않았다. 빌립의 마지막 이야기는 에디오피아 내시의 회심에 관한 것이었다. 바울도 처음 듣는 이야기였다.

누가는 마가가 쓴 예수님의 생애에 관한 책의 필사본 한 권을 어렵게 구했다. 그는 여러 시간 그 책을 읽으면서 스스로 질문을 하고 메모만 했다. 누가는 주님의 삶을 이방인의 시각에서 써야겠다는 생각이 강하게 들었던 것이다. 누가는 곧 예수님을 만났거나 오순절에 마가의 다락방에 있었던 사람들이 있는 곳이라면 어디든지 찾아가 인터뷰를 했다.

나중에, 누가는 마태가 쓴 주님의 생애에 관한 이야기의 필사본을 구했을 때 이렇게 중얼거렸다고 한다.

"왜 책을 쓰면서 맨 앞에 족보를 그것도 두 페이지나 넣었을까?"

바울은 누가가 마리아를 만나게 해달라고 예루살렘에 요청했다는 것을 알고 몹시 흥분했다.

"도대체 무슨 짓이지? 긁어 부스럼을 만들 셈인가!" 바울이 혼자 중얼거렸다.

사실, 누가는 그 후 2년 동안 주님을 잘 아는 사람들과 오순절에 다락방에 있었던 사람들을 인터뷰하는 것 외에는 거의 아무 일도 하지 않았다. 누가는 언젠가 내게, 바나바가 작성한 메모의 사본을 마가에게 건네받았을 때 세상에서 가장 큰 선물을 받은 것 같았다고 했다. 그 메모는 바나바가 솔로몬 행각에 앉아 열둘이 하는 말을 하나도 빼놓지 않고 기록해 둔 것이었다.

다음 날 저녁, 가이사랴의 모임은 바울의 이야기를 듣고 그의 동료들을 보려는 사람들로 가득했다. 이들은 바울의 이야기를 듣는 것 못지않게 '여덟'을 만나고 싶어 했다. 예수님의 첫 제자들이 열둘(the Twelve)이라 불린 것과 마찬가지로 바울의 젊은 형제들도 이미 여덟(the Eight)이라 불리고 있었다. 그러나 이번만큼은 유머가 가미되었다. 언젠가 이런 말을 들은 적이 있다.

"바울이 이방인 교회 개척자 여덟을 세웠는데 그 중에 한 명 반은 유대인이래요." 사람들이 이렇게 말한 것은 소바더가 유대인이었고 디모데가 절반의 유대인이기 때문이었다. 여덟에 관한 대부분의 소문은 이들이 아주 거칠다는 것이었다. 이들이 이교도였었다는 사실을 꼭 기억해주기 바란다.

가이사랴에 있는 주님의 백성은 이미 디모데를 만난 적이 있었고, 디도를 아는 사람들도 꽤 있었다. 디도가 몇 년 전에 예루살렘 공회에 참석했기 때문이었다. 그러나 나머지 형제들은 이들이 전혀 모르는 사람이었다. 그래서 젊은 형제들이 가이사랴의 성도들에게 짧게 자신을 소개할 때, 주님의 백성은 호기심을 갖고 이들을 바라보았다.

특별했던 그날 밤, 맹렬함과 대담함 때문에 주목 받은 것은 디모데가 아니라 가이오였다.

가이사랴 모임의 한 형제가 젊은 형제들을 이렇게 칭찬했다.

"여러분은 거의 빌립 형제의 딸들만큼 복음을 잘 전하는 것 같습니다!" (빌립에게는 네 딸이 있었는데, 넷 모두 말솜씨가 아주 뛰어났다.)

이튿날 아가보가 도착했다.

아가보는 바울을 만나려는 목적 하나 때문에 예루살렘에서 가이사랴까지 왔다. 그는 가이사랴에 도착하자마자 빌립의 집으로 달려갔다. 극적인 장면을 연출하는 데 타고난 아가보는 누구의 안내도 없이 곧바로 바울에게로 향했다. 아가보는 아주 드물게, 그것도 항상 위기의 순간에만 미래를 예언했다. 이번도 그런 경우였다.

아가보는 보통 키에, 살집이 좀 있었으며, 얼굴은 거칠며 햇볕에 그을려 있었고, 이마는 넓었으며, 짙은 눈썹 아래로 눈이 불같이 빛나고 있었다. 그는 이 모든 것이 한데 어울린 아주 당당한 모습으로 바울 앞에 섰다. 모두의 생각을 속삭이듯 말한 것은 두기고였다.

"마치 옛날의 선지자들 같아요!"

아가보가 무릎을 꿇더니 바울의 허리띠를 풀어 자신의 손발을 묶었다.

열 명의 형제들이 꼼짝도 않은 채 이것을 지켜보았다. 마치 엘리야의 삶에서 일어났던 광경 같았다. 아가보는 굳은 얼굴로 바울을 뚫어지게 쳐다보면서 천둥 같은 목소리로 말했다.

예루살렘에서 유대인들이 이 띠의 주인을 이렇게 묶어 이방인들에게 넘겨 줄 것이라고 성령님이 말씀하셨습니다.

다른 말은 한마디도 하지 않은 채, 아가보는 돌아서서 방을 나갔다. 잠시 침묵이 방안을 가득 메우는가 싶더니 이내 여기저기서 흐느끼는 소리가 들렸다. 몇몇은 손으로 자신의 입을 막았고, 몇몇은 턱을 감쌌다. 그때 무거운 침묵을 깬 것은 누가였다.

"바울 형제님, 절대로 가면 안 됩니다!"

"바울 형제님, 이것은 주님의 말씀입니다." 드로비모가 말했다.

잠시 후, 모든 형제가 바울을 에워싼 채 간곡히 부탁했다.

"아가보는 제가 죽을 거라고 하지 않았습니다." 바울이 차분히 대답했다.

"그게 아닙니다." 가이오가 말했다.

"아가보는 유대인들이 형제님을 죽일 거라고 말하지 않았을 뿐입니다. 그러나 제가 보기에는 이방인들이 형제님을 죽일 거라고 말한 것 같습니다."

"예수님을 죽였듯이 말입니다!" 소바더가 말했다.

그러자 빌립이 입을 열었다.

"바울 형제님, 만약 제가 이런 말을 들었다면, 저는 예루살렘에 가면 죽는다는 말로 받아들였을 것 같습니다."

바울이 한숨을 쉬며 말했다.

"깊이 생각해 보겠습니다. 오순절까지는 아직 며칠이 남았으니까요. 오순절은 정말 놓치고 싶지 않습니다. 어쨌든 저는 유대인이잖습니까? 예루살렘에 가는 것은 제 권리이기도 하고요. 디모데 형제, 자네는 내일 동료들을 이끌고 예루살렘으로 가게. 나도 자네와 함께 가거나… 아니면 가이사랴에 남겠네. 내가 어떻게 할지는 내일 결정하기로 하지."

바울은 난파를 당했었고, 감옥에 갇혔었고, 돌에 맞았었고, 채찍질을 당했었고, 매질을 당했었다. 그러나 지금 그의 앞에 가장 무서운 날들이 기다리고 있었다. 우리는 그날들을 공포 자체로 기억할 것이다.

다음날 아침, 또 다른 형제자매들이 바울을 에워쌌다. 이번에는 가이사랴의 성도들이었다.

"형제님을 죽이려 고린도에 갔던 바로 그 단검파가 지금 예루살렘에서 형제님을 기다리고 있습니다. 블라스티니우스 드라크라크마에 대한 소문도 들립니다. 그러니 형제님, 예루살렘에는 가지 마십시오."

바울은 천천히 그러나 감정이 들어가지 않은 목소리로 차분하게 말했다.

"교회의 하나됨이 위기에 처했습니다. 제게는 교회의 분열을 막는 게 세상에서 가장 중요합니다. 몇 년 전, 저희는 바로 이 문제를 예루살렘에서 해결했습니다. 몸은 오직 하나입니다. 그리스도의 몸뿐이죠. 때문에 각 도시마다 오직 하나의 교회만 있을 뿐입니다. 여러분이 유대인이라면, 거기에 속합니다. 여러분이 이방인이라도 거기에 속합니다. 단지 피부의 작은 조각(할례) 때문에 거기에 속하지 않는다고 말하는 것은 있을 수 없습니다! 하나 됨을 깨는 것은 절대로 용납될 수 없습니다. 아브라함이 의롭다고 인정받은 것은 피부를 제거하기(할례 받기) 전이었습니다. 어떻게 한 도시에 두 교회가, 유대인 교회와 이방인 교회가 있을 수 있겠습니까? 천사들이 통곡할 노릇입니다!

앞으로 여러 위기가 닥칠 것입니다. 그러므로 우리는 지금 기준을 세워야 합니다. '어떤 문제도 우리를 분열시키지 못하리라'라고 선언하는 기준을 세워야 합니다. 기준은 예루살렘에서, 예루살렘에서만 나와야 합니다. 이런 기준을 세울 수 있다면 저의 생명도 아깝지 않을 것입니다."

바울은 예루살렘으로, 죽음을 향해 가려고 굳게 결심했으며, 방에 모인 모든 사람이 그의 얼굴에서 이것을 읽을 수 있었다. 그래서 모두 포기하고 마지막으로 이렇게 말했다.

"주님의 뜻이 이루어질 것입니다."

바울 일행이 거룩한 성을 향해 떠나기 직전, 나손 형제가 일행에 합세했다. 초기부터 믿은 나손 형제는 예루살렘에 집이 있었고, 그래서 바울 일행이 자신의 집에 머물도록 했다.

예루살렘으로 가는 여정은 3년 전에 디모데와 바울이 함께했던 여정과는 전혀 달랐다. 3년 전, 바울과 디모데는 예루살렘으로 향할 때 가벼운 마음으로 웃으며 이야기도 주고받았다. 그러나 이번에는 아무도 먼저 말을 하려 하지 않았다.

마침내 바울은 젊은 친구들에게 다윗과 여부스 족속까지 거슬러 올라가는 예루살렘 역사를 들려주기 시작했다. 그러나 그는 무엇보다도 오순절 사건, 정확히 28년 전에 일어났던 사건을 중심으로 이야기를 풀어 갔다.

"그날 성령께서 임하셨네. 그러나 그날의 사건은 교회의 탄생에 대한 예언이기도 했지. 유대인들은 매년 오순절 아침 동이 틀 무렵이면 화덕에 구운 빵 두 덩어리를 먹는다네. 하지만 둘째 덩어리의 신비는 최근까지 숨겨져 있었네. 첫째 덩어리는 유대 교회를 상징하지만 말야. 그러나 고넬료와 그 집에 모인 사람들이 성령을 받았을 때, 우리는 둘째 덩어리의 의미를 알게 됐네. 둘째 덩어리는 이방 교회를 상징하는 것일세."

나중에, 여행을 시작한 지 사흘째 되는 날, 예루살렘이 가까워졌을 때, 디모데와 소바더는 나머지 사람들에게 성전에 올라가는 노래를 부르는 전통에 대해 설명해 주었다. 그래서 예루살렘 성문이 가까웠을 때, 이들은 주변의 순례자들보다 더 큰 소리로 노래를 불렀다.

예루살렘이 1킬로미터 정도 남았을 때, 한 무리의 사람들이 길가에 서서 누군가를 기다리고 있는 게 보였다.

"제가 아는 사람들입니다." 디모데가 말했다.

"저도 아는 사람들입니다." 디도가 말했다.

"예루살렘 교회를 이끄는 형제들입니다."

"좋은 징조로 받아들여야 할까요?" 세군도가 물었다.

"그래도 될 걸세." 바울은 이렇게 말하고는 즉시 길가로 벗어나 두 팔을 벌린 채 그들에게 다가갔다.

"어서 오십시오, 바울 형제님!" 한 사람이 말했다.

"저희는 별로 안 좋은 길로 성에 들어갈 겁니다. 조금 있다가 아무도 안 보는 데서 이 옷으로 갈아입으시고 두건도 쓰십시오. 그렇게 하지 않는다면 이 성에서 살아남기 어려우실 겁니다. 형제님을 찾으려는 첩자들이 쫙 깔려 있으니까요."

바울은 거부하지 않았다. 오히려 이렇게 물었다.

"누가 형제와 이 젊은이들도 나와 함께 가나요?"

예루살렘 형제들이 잠시 의논하더니 이렇게 말했다.

"예루살렘에 한 번도 와 본 적이 없어 얼굴이 알려지지 않은 형제 하나만 고르십시오. 나머지는 전통적인 길을 따라가야 할 것입니다."

바울이 고개를 돌리며 말했다.

"소바더 형제, 자네와 디모데는 나머지 형제들을 이끌고 예루살렘으로 들어가게. 가이오 형제, 자네는 나와 함께 가세."

소바더는 가볍게 항의했다.

"저도 예루살렘을 모르기는 가이오 형제와 다를 게 없습니다. 어쩌면 제가 더 모를 겁니다. 저는 결코 유대인 같은 유대인이 아니거든요."

그러나 가이오는 그저 환하게 웃으면서 크게 손을 흔들어 작별 인사를 할 뿐이었다.

바울은 곧 바나바의 누이 마리아의 집으로 안내를 받았다. 잠시 후,

나머지 일행도 도착했고 특별한 만남이 이어졌다. 바울과 그 친구들이 교회 장로들과 한 자리에 앉았을 때 예수님의 형제 야고보도 그 자리에 있었다.

"바울 형제님, 지금 이곳 예루살렘 상황이 어떤지 아셔야 할 겁니다. 단검파가 여기 와 있는데, 그들의 목적은 하나뿐입니다. 바로 형제님을 제거하는 거죠. 블라스티니우스 드라크라크마가 또 다른 사람들을 선동하여 형제님을 대적하게 만들었습니다. 이들은 형제님에 대한 증오로 불타고 있습니다. 또한 스스로를 젤롯이라고 부르는 새로운 분파가 형제님을 해치려고 모의하고 있습니다. 이뿐만이 아닙니다. 이 성에서 글을 읽을 줄 아는 사람이라면 거의 모두가 형제님이 갈라디아에 보낸 편지를 읽었을 겁니다.

이 성은 소요가 일어나기 직전입니다. 광신자들은 단지 소요를 원하는 게 아닙니다. 그들은 대부분 반란에 불을 지피려고 애쓰고 있습니다. 이들은 봉기를 원합니다. 게다가 폭동을 유발하려고 갖은 수단을 다 쓰는 애굽인까지 있습니다."

바울은 신음소리를 냈다.

"설혹 글을 모르는 사람들일지라도 형제님의 원수들은 형제님이 쓴 편지를 다 들었습니다. 글을 아는 사람들에게 읽어 달라고 한 거지요."

"그런 줄 몰랐습니다." 바울이 몸서리를 치며 대답했다.

"제가 갈라디아의 네 교회에 편지를 쓴 것이 저에 대한 사형집행 영장에 서명한 것이었으리라고는 상상도 못했습니다."

"형제님이 말씀하신 그대로일 겁니다." 장로들 가운데 하나가 웃으며 대답했다.

"어쨌든, 그 편지를 보면, 마치 형제님이 모세의 가르침을 부인한 것처럼 들립니다."

잠시 침묵이 흘렀다. 모두가 바울이 자신을 변호하는지 보려고 기다리고 있었다. 그러나 바울은 아무 말도 하지 않았다.

"바울 형제님이 지금 돌아서서 이곳을 떠나야 한다는 뜻인가요?" 누가가 물었다.

"저는 떠나지 않을 겁니다." 바울이 끼어들며 말했다.

"저는 충성된 아브라함의 자손입니다."

"당연하죠. 그럼에도 불구하고 우리 예루살렘 장로들이 바울 형제님에게 요구하는 게 있습니다. 요구가 아니라 촉구라고 해야겠지요. 형제님은 예전에 어린 디모데를 데리고 온 적이 있습니다."

디모데가 격양된 목소리로 끼어들며 말했다.

"맞습니다. 바울 형제님과 저는 예전에 예루살렘에 온 적이 있습니다. 하지만 저는 이제 20대 후반입니다. 곧 서른이 됩니다. 저를 더 이상 어리다고 하지 않으셨으면 좋겠습니다!"

모두가 웃었다. 웃음이 정말로 필요한 순간이었다.

"형제님은 몇 년 전에 디모데를 데리고 온 적이 있습니다." 장로 하나가 웃음을 지으며 고쳐 말했다.

"그때 형제님은 헬라에서 왔었고 유대인의 서원을 했었습니다. 그때 형제님은 머리를 밀었습니다. 그리고 성전 제단에서, 그 서원을 지켰습니다. 우리는 그때 일을 기억하면서 형제님에게 한 가지 제안을 하려

합니다.

"머리를 미십시오. 다시 한 번 서원을 하십시오. 더욱이 지금 예루살렘에는 똑같은 서원을 하고 싶지만 너무 가난해서 서원에 따르는 비싼 예물을 드릴 수 없는 가난한 네 형제가 있습니다. 형제님은 이 서원을 하고 싶지만 가난해서 할 수 없는 사람들을 위한 해결책이 유대 관습에 있다는 것을 알고 있을 겁니다."

바울은 고개를 끄덕이더니 이방인 친구들을 쳐다보았다.

"그 관습이란 이런 걸세. 부유한 유대인이 가난해서 서원을 할 수 없는 사람들을 대신해서 비용을 지불함으로써 율법에 대한 자신의 헌신을 보여 주는 걸세."

"부유한 유대인이라고요!" 소바더가 어이없다는 듯이 손을 내저으며 말했다.

"저는 바울 형제님이 자신의 서원 비용을 어떻게 지불할지도 걱정인데요."

"비용은 우리가 구해보겠습니다." 아리스다고가 말했다.

"부유한 브루기아의 가이오에게 빌리면 되지 않겠습니까?"

"우리가 듣기로는 형제님이 여덟 명의 이방인을 훈련시키고 있다던데요." 예루살렘 장로 가운데 하나가 말했다.

"그 소문이 진짜인 것 같군요!"

"이해해 주십시오." 바울이 깊은 한숨을 쉬며 말했.

"이들 모두 하나님이 제게 주신 사람들입니다. 하지만 저는 하나님이 유대인을 가장 사랑하신다는 것을 조금도 의심하지 않습니다."

다시 잠깐의 웃음이 필요한 순간이었다. (야고보를 빼고 모두들 미소를 지었다. 그러나 야고보는 전혀 웃지 않았다.)

장로들 가운데 하나가 다시 본론으로 돌아가 하던 말을 계속했다.

"바울 형제님, 형제님이 네 사람의 예물 비용을 지불한다면, 예루살렘 사람들은 형제님이 여전히 율법에 충실하다는 것을 알게 될 것입니다."

"그렇게 하겠습니다." 바울이 최종적으로 대답했다.

"그렇게 합시다! 하지만 바울 형제님, 그걸로 충분할 거라고는 보장할 수 없습니다. 단검파는 어쨌든 간에 형제님이 죽길 원하니까요." 다른 장로가 말했다.

"저는 지난번에 왔을 때 머리를 밀었습니다. 결과적으로, 아무도 저를 알아보지 못했습니다. 머리를 미는 게 저를 숨기기에 가장 좋은 방법인 것도 같습니다."

곧바로 논의가 이어졌다.

"다섯 명의 예물 비용을 어디서 구하죠?"

마리아와 나손이 문제를 곧 해결했다. 그날 밤, 예루살렘 장로들은 이방 교회들이 보낸 헌금을 받았다. 이방 교회들의 사절로 선택된 이방인 형제들이 각자 가져온 편지를 장로들에게 전했다. 편지에는 각 교회가 보낸 헌금의 액수가 적혀 있었다. 그리고 나서 형제들은 헌금을 장로들에게 전했다. 그러자 장로들은 돈을 세고 편지에 적힌 액수와 일치하는지 확인했다. 헌금의 액수는 상당했고 유대 장로들은 크게 감동했다.

그러나 교회의 일치가 바울이 목숨을 걸 만큼 소중한 것이었을까? 나는 지금이라면 그렇다고 말할 수 있다. 그러나 그 당시는 결코 그렇다고 말할 수 없었다. 내가 그렇다고 말할 수 있었던 것은 몇 년이 지난 후였다. 이 일의 결과를 목격했기 때문이다. 나는 여러 해가 지난 후 황제의 군대가 예루살렘을 무너뜨리려고 로마에서 이스라엘로 향하는 것을 보았는데 그때 이 모든 것 가운데 역사하시는 하나님의 주권을 보았다. 바로 이때 유대 신자들이 갈라디아, 헬라, 소아시아로 도망하여 정착하게 되었고, 이방 교회의 일원이 되었다.

마지막 자루를 풀었다. 바울은 장로들에게 고린도 교회의 편지를 선물과 함께 전달했다. 그러자 야고보가 조용히 말했다.

"바울 형제님, 이것은 세 볼 필요가 없을 것 같습니다."

"야고보 형제님, 모든 헌금 중에서 이 교회의 헌금이 가장 중요합니다. 그러니 꼭 세 보십시오."

야고보가 고개를 끄덕였다. 그래서 고린도 교회의 헌금도 세 보았다. 편지에 적힌 액수와 일치했다. 편지에는 신자들 수백 명의 서명이 적혀 있었다. 고린도 교회의 헌금은 빌립보 교회의 헌금과 함께 액수가 가장 컸다.

짧은 기도로 모임이 끝났다.

여덟 형제가 마리아의 집으로 들어갈 때, 바울은 좀 더 가벼운 이야기로 말머리를 돌리더니 베드로가 옥에 갇혔다가 천사를 통해 기적적으로 풀려난 일과 바로 이곳에 와서 문을 두드린 일을 들려주었다.

"로데라는 어린 소녀가 나왔다가 베드로 형제님을 보고 집으로 다시 달려 들어갔네. 베드로 형제님을 직접 보기 전까지는 아무도 그 소녀의 말을 믿으려 하지 않았지. 하물며 베드로 형제님이 문을 두드리고 있을 때조차 믿지 못 했지. 그들 모두가 그의 기적적인 석방을 위해 기도하고 있었는데도 말일세. 자네들이 서 있는 바로 이곳에서 이 모든 일이 일어났었네."

세군도는 허리를 굽혀 바닥에서 작은 조약돌 하나를 집어 들었다. 순간 그의 눈이 반짝 빛났다.

몇 시간 후, 열둘의 몇몇이 여덟을 만났다. 여덟은 흥분했다. 그러나 열둘은 특별한 감동을 받지 않았다. (오랜 세월이 흐른 후 여덟이 보여준 대담함과 용기와 능력에 대해 듣기 전까지는 별로 감동하지 않았다.) 그뿐만 아니라 열둘은 이들 이방인 교회 개척자들이 로마 제국 전역에 하나님의 교회를 세웠으며 이러한 새로운 교회들이 강하고 그리스도 중심적이라는 사실을 무시했다. (훨씬 나중에, 이러한 이방인 교회 개척자들 가운데 대부분이 열둘보다 먼저 죽었으며, 모두 용감하게 죽었다.)

바울은 기억에 남을 그날 밤에 두 가지를 이루었다. 그는 예루살렘 교회에 놀랍도록 큰 선물을 주었다. 나중에, 그 헌금을 통해 도움을 받은 사람은 누구든지 그것이 '할례 받지 않은 신자'들이 보내 준 헌금이라는 것을 알게 될 것이다! 이런 이상한 별명으로 불리는 사람들도 그리스도인이라는 것을 말이다.

또 하나, 바울은 다음날 장로들의 요청으로 유대인의 서약을 행할 것이다. 예루살렘의 모든 독실한 유대인들이 바울이 적어도 모세 언약의 진정한 제자처럼 행동하고 있음을 알게 될 것이다.

바울은 자신의 죽음이 실제로 몇 시간밖에 남지 않았다는 것을 알았을까? 다음 날, 바울은 나손의 집에서 나와 성전에 들어갔으며, 그때 원수들이 그를 보았다.

예루살렘 성전산 ⓒ 이강근

24
예루살렘에서

다음 날 아침, 바울 일행은 깜짝 놀랐다.

"전혀 못 알아보겠어요." 아리스다고가 자신의 머리를 치면서 말했다.

"형제님의 누이라도… 어린 조카라도 못 알아보겠는 걸요." 디모데가 말했다.

"블라스티니우스가 바로 옆으로 지나가더라도 못 알아보겠는데요." 드로비모도 거들었다.

"디모데 형제, 자네는 형제들을 데리고 성을 한번 둘러보게. 다음 주까지, 나는 서약을 한 네 형제와 함께 성전에 머물러야 하네. 예루살렘은 교회의 그림자이며, 예표라는 것을 기억하는 게 무엇보다 중요하네. 사실, 이 성은 교회에 대한 예언이요 모형이며 그림일세.

유서 깊은 이 성에서 많은 일이 일어났네. 자네들 눈으로 직접 보고 알아야 할 게 있네. 나중에, 자네들이 그리스도를 선포할 때, 여기서 본 모든 게 이제는 그리스도 안에서, 그분의 교회에서 성취된 것에 대한 그림이라고 선포할 수 있을 걸세."

잠시 후, 젊은 형제들은 예루살렘 거리를 둘러보러 떠났고 바울은 성전으로 향했다. 몇 년 전에 바울의 안내를 받았던 디모데가 이번에는 친구들에게 예루살렘을 멋지게 안내했으며, 예루살렘의 보이지 않는 영적인 짝도 잘 이해하고 있음을 보여 주었다.

그날 나중에, 이들은 다시 바울을 만났다. 이번에는 이방인의 뜰에서였다. 여기서 바울은 성전에 관한 많은 것들과 그것들이 믿는 이방인에게 갖는 의미를 설명하기 시작했다.

"예를 들면, 이 벽은 칸막이일세." 바울이 예를 들어 설명했다.

"이방인들은 이 벽을 넘어설 수 없네. 이 벽 뒤쪽에는 유대인들만 들어갈 수 있지. 그러나 진정한 예루살렘에서는 이 벽이 그리스도의 십자가를 통해 무너졌네. 그러니 이제 예루살렘에는 벽이 없네."

바울이 말하는 동안, 블라스티니우스의 친구가 바울을 알아보았다. 그는 서둘러 뜰을 빠져나가 곧바로 블라스티니우스에게로 향했다.

"그 놈을 잘 감시하게." 블라스티니우스가 말했다.

"자네는 그놈이 율법에 어긋나는 행동을 하는지 주시하여 보게. 만약 그런 행동을 보인다면, 소리를 지르게."

바울은 그날 내내, 그리고 그 주 내내 미행과 감시를 당했다.

그는 바울의 친구들에게서도 눈을 떼지 않으면서 그들의 특징을 자세히 살폈으며, 바울이 그들을 데리고 벽 뒤쪽으로 들어가길 바랐다.

25
예루살렘 성전으로 들어가다

　바울과 네 명의 유대인 동료는 성전 뜰의 작은 모퉁이에 숙소를 정했다. 다섯 사람은 오순절 마지막 날이 밝기까지 그 좁은 곳에서 함께 지냈다. 오순절이 끝나면 이들의 정결 의식도 끝나기 때문이었다.
　다섯 사람은 마지막 날에 일찍 일어나 성전에 들어갔다. 이들은 열을 지어 성전 제단을 쳐다보았다. 각자의 손에는 자루가 들려 있었고 그 속에는 각자의 머리카락이 들어 있었다. (바울은 새끼 양 두 마리와 큰 양 한 마리, 무교병 한 바구니에 약간의 포도주를 샀다. 그 이전에 바울은 예루살렘에 머물 숙소를 구해 놓고 돈까지 미리 지불해 두었다.)
　갈라디아서를 쓴 바울이 고대 히브리 서원을 하고 지켰다. 그러나 그는 자신이 모든 율법에서 완전히 자유하며 사람이나 성전에 전혀 빚진 게 없음을 너무나 잘 알고 있었다. 참으로 그는 아무 것도 거리낄 게 없었다.

서원 기간이 끝나가고 있었다. 그러나 블라스티니우스의 첩자 하나는 바울 일행 가운데 하나인 드로비모가 할례 받지 않은 헬라인이라고 알고 있었기에, 바울이 드로비모를 성전으로 데리고 들어옴으로써 성전을 더럽혔다고 생각했다.

이것이 왜곡된 이야기를 너무 많이 들어 마음이 뒤틀린 사람의 생각이었다. 그는 바울을 사악하기 이를 데 없는 사람으로 보았던 것이다.

바울은 바로 다음 날 예루살렘을 떠날 계획이었다. 그러나 그때 갑자기 그의 삶이 영원히 바뀌었다.

"바울이다! 바울이 나타났다… 거룩한 관습의 파괴범인 바울이 나타났다! 신성모독자 바울이 이방인을 데리고 성전에 들어왔다! 바울이 성전을 더럽혔다!" 첩자는 이렇게 외쳤다.

무리가 들은 것은 서너 단어뿐이었으나 들어야 할 단어는 다 들었다.

"이방인… 모독… 바울… 더럽혔다."

로마인들이 오순절 기간에 일어나지 않길 바라는 일이 갑자기 일어났다. 전면적인 소요가 일어난 것이다!

사람들은 바울을 에워싸더니 성전 밖으로 끌고나가 그에게 돌을 던지기 시작했다. 이 끔찍한 순간에, 바울은 욕을 먹고, 발길질을 당하고, 얻어맞았다. 바울의 생각은 하나뿐이었다. 이제 살 시간도 얼마 남지 않았구나!

그러나 그때 소요를 일으킨 사람들을 향해 로마 군인들이 달려오는 소리가 들렸다. 로마 군인들은 소요가 일어날 것을 대비하여 예루살렘

거리마다 대기하고 있었다. 때문에 로마 군인들이 바울에게 오는 데는 불과 몇 분밖에 걸리지 않았다. 바울의 로마 시민권이 효력을 발휘해야 할 때가 있다면, 바로 이때였다.

로마군 책임자는 루시아였다. (그는 킬리아크, 즉 '천부장'이었다.) 루시아는 안토니오 요새에서 직접 달려 나와 성전으로 향했다.

그는 이렇게 중얼거렸다.

"어떤 불쌍한 놈이 죽도록 맞고 있는 건가 아니면 계획된 폭동이 일어난 건가? 혹시 애굽인 아냐?"

2백 명의 군인이 루시아를 따라 거리를 달렸다. 요새가 성전 바로 북서쪽에 있는 게 하나님의 은혜였다. 잠시 후, 루시아와 군인들이 소요자들을 헤치고 나갔다. 얼마 안 되는 시간이었는데도 불구하고, 바울은 벌써 말로 표현할 수 없을 정도로 상처를 입은 상태였다.

루시아는 로마 군인들이 평소에 훈련받은 대로 행했다.

"저 놈을 묶어라!"

그가 명령하자마자 군인들이 바울을 소요자들의 손에서 끌어냈다.

"어떻게 된 거냐?" 루시아가 물었다. 그러나 누구도 분명하게 대답하지 않았다.

"요새로 끌고 가라! 그리고 이놈이 무슨 짓을 했는지 밝혀라. 순순히 불지 않으면 때려서라도 밝혀라."

루시아는 알지 못했지만, 사실 그가 불과 몇 초 차이로 바울의 생명을 구했다. 그 시간 단검파가 바울을 향해 몰려오고 있었는데 로마 군인들이 그를 압송했던 것이다.

루시아는 화난 무리를 보면서 직접 가세하여 바울을 끌고 요새로 이어지는 계단으로 향했다.

사람들은 점점 더 거칠어졌고 계속 앞으로 밀고 나왔다. 그때 갑자기 한 사람이 소리쳤다. "저 놈을 죽여라! 저 놈을 죽여라!"

그러자 루시아가 부하들에게 소리쳤다.

"서둘러라. 어서 요새로 옮겨라."

그런 후 루시아는 바울에게 소리쳤다.

"이 애굽 놈! 드디어 잡혔구나!"

최근 로마에 대항해 폭동을 일으킨 한 애굽인이 모두에게 단검을 들고 다니면서 혼자 있는 로마인은 누구라도 죽이라고 선동한 적이 있었다. 바로 이 애굽인이 지금 예루살렘에 있는데 수백 명의 추종자를 거느리고 있으며 모두에게 감람 산 꼭대기에 집결하라는 명령을 했다는 소문이 있었다. 소문에 따르면, 여기서 그 애굽인이 로마를 상대로 전쟁을 개시할 거라고 했다.

바울은 나중에 자신이 애굽인이라는 말을 들었을 때 '내 피부가 그렇게 검지는 않을 텐데…'라며 장난기 어린 미소를 지었다.

요새 문이 열리고 군인들이 안으로 들어갔다. 바로 다음 순간, 군인들은 바울을 바닥에 내동댕이쳤다.

"한마디 해도 되겠습니까?" 바울이 간신히 몸을 가누며 헬라어로 말했다.

"헬라어를 할 줄 아나?" 루시아가 놀라며 물었다.

"넌 애굽인이 아니냐, 그런데 어떻게 헬라어를 아느냐? 또 내가 헬라어를 할 줄 안다는 걸 어떻게 알았느냐?"

"이름을 듣고 알았습니다." 바울이 말했다.

"당신 이름이 헬라식이지 않습니까? 그리고 전 애굽인이 아닙니다. 히브리인입니다. 길리기아 다소 출신입니다."

루시아는 인간의 몰골이라 할 수 없을 만큼 심하게 맞아 피로 얼룩진 얼굴을 뚫어져라 쳐다보았다.

"다소라고?" 루시아가 못 믿겠다는 듯이 말했다.

"예." 바울이 흐릿하게 대답했다.

"초라하지 않는 도시(no mean city)의 시민입니다." ("초라하지 않는 도시"라는 표현은 한 세기 전 유리피데스(Euripides)가 사용한 것이었다. 매우 박식한 사람만 아는 표현이었다. 루시아는 이 표현을 알고 있었으며, 바울이 이 표현을 안다는 사실에 매우 놀랐다.)

"사람들에게 한마디 해도 되겠습니까?" 바울이 물었다.

놀랍게도, 루시아가 고개를 끄덕였다.

바울은 요새 아래 모여 있는 무리를 향해 돌아서더니 한 손을 들었다. 그러자 고함소리가 잦아들었다. 루시아는 또 한 번 놀랐다. 이 유대인은 헬라어와 히브리어뿐 아니라 아람 방언까지 알고 있었던 것이다.

루시아는 바울이 무슨 말을 하는지 알 수 없었다. 단지 그가 일어나 말할 수 있다는 것만으로 충분했다.

무리는 바울이 자신들의 방언으로 말하는 것을 들으면서 점점 조용해졌다. 바울은 자신의 청중을 알고 있었으며 상황에 맞는 말을 했다.

"형제들이여, 제 변론을 들어 보시오." 바울이 아람어로 소리쳤다. 유대인들은 죽음에 직면한 사람이 자신을 변론할 때 그 변론을 들어야 했다. 이것은 오래 존중되어 온 히브리 전통이었다.

"저는 히브리인이며 길리기아 다소 출신입니다. 하지만 여기서도 살았었습니다. 여기 예루살렘에서는 가말리엘 문하에 있었습니다! 거기서 우리 조상들의 율법에 대한 가장 엄격한 해석을 배웠습니다. 저는 여러분만큼이나 하나님을 향한 뜨거운 열정이 있는 사람입니다."

루시아는 깜짝 놀랐다. 무리가 바울의 말을 집중해서 듣고 있기 때문이었다.

"저는 그 길(the Way)을 좇는 사람들을 핍박했습니다. 그들을 죽도록 핍박했고 그들을 사슬로 묶어 감옥에 가두기도 했습니다. 남자뿐 아니라 여자들도 마찬가지였습니다. 장로들과 대제사장이 제 뒤를 봐주었습니다. 더욱이, 저는 다메섹의 형제들에게 가서 그곳에서 그 길을 따르는 자들을 잡으려고 여기 예루살렘의 장로들과 대제사장에게 허가장도 받았습니다."

바울은 어느 시점에선가 사람들이 자신의 말에 흥분하리라는 것을 알고 있었다. 그때까지, 바울은 그리스도를 알리는 데 최선을 다할 생각이었다.

그는 자신이 어떻게 주 예수 그리스도를 만났고, 어떻게 눈이 멀었으며, 어떻게 아나니아가 자신을 의심했으며, 어떻게 그에게 세례를 받았는지 이야기했다. 스데반의 죽음을 말할 때, 그의 목소리가 떨리고 갈라졌다. 바울은 주님이 자신에게 하신 말씀을 다시 언급했다.

"내가 너를 멀리 이방인에게로 보내리라." 사람들을 자극한 것은 이방인이라는 단어였다.

다시 고함소리가 커지기 시작했다.

"저 놈을 죽여라, 저 놈을 죽여라! 살려두지 마라! 없애버려라!"

사람들이 예수님을 향해 외쳤던 바로 그 소리가 다시 한 번 예루살렘 거리를 채우고 있었다.

사람들이 로마 수비대 쪽으로 밀고 들어왔다. 바울의 생명이 위태로웠다. 사람들 중에는 그를 죽이려는 시카리파도 있었다.

26
예루살렘에서 체포되다

단검 하나가 허공을 가르며 정확히 바울의 심장을 향해 날아왔다. 그러나 그 순간 잘 훈련된 로마 수비대가 방패를 들었고, 단검은 방패를 맞고 돌계단에 떨어졌다.

루시아는 바울을 요새 문 안으로 밀어 넣었다. 요새 문이 굳게 닫히고, 바울은 어둑한 곳에 서 있었다. 그는 몸을 심하게 떨며 경련을 일으키기 시작했다.

"너는 누구냐? 도대체 무슨 말을 한 거냐? 왜 저들이 이렇게 격분하느냐?"

바울은 자신을 추스르고 대답하려 했다. 그때 이런 소리가 들렸다.

"고문실로 끌고 가라."

갑자기, 로마 군인들이 바울의 남은 옷마저 찢어버렸다. 바울은 자신을 기다리는 게 무엇인지 정확히 알고 있었다. 그는 양손이 묶인 채 공중에 매달리고 채찍질을 당할 것이다.

"채찍으로 쳐라!"

어떤 사람들은 이것이 십자가형보다 더 무섭다고 했다. 채찍에 맞다가 죽은 사람도 있었다. 설혹 살아남는 사람들도 대개는 회복이 안 되는 부상을 입고, 많은 경우 장기마저 손상을 입었다.

바울은 비슷한 상황에서 자신이 로마 시민이라는 것을 밝힘으로써 위기를 모면하길 늘 싫어했다. 그러나 이번에는 달랐다. 군인들이 자신을 공중에 매달려는 순간, 바울은 가장 가까이 있는 군인에게 물었다.

"아직 유죄가 밝혀지지도 않은 로마 시민에게 채찍질을 하는 게 합법적이오?"

'로마 시민'이라는 말에 군인들은 움찔하며 행동을 멈추었다. 채찍을 들고 있던 군인은 채찍을 내려놓았다. 바울의 자백을 기록하려고 기다리던 군인도 뒤로 물러섰다.

"멈춰라. 천부장을 모셔 와라!"

잠시 후, 군인 하나가 창백한 얼굴로 중얼거렸다.

"천부장님, 로마 시민이랍니다."

순간, 루시아는 깜짝 놀라 자기 행동의 결과를 생각하면서 황급히 고문실로 뛰어 들어갔다. 그러나 그는 상처로 얼룩진 바울의 등을 보며 의심이 들었다.

"정말 로마 시민이시오?" 그가 바울의 귀에 속삭였다.

"그렇소."

바울이 간신히 숨을 고르며 말했다. 루시아는 바울의 목소리에서 그의 말이 진짜라는 확신이 들었다.

"풀어드려라." 루시아는 부하들에게 명령한 후 다시 바울에게 고개를 돌렸다.

"저도 로마 시민입니다. 큰 돈을 지불하고 로마 시민권을 얻었습니다."

"저는 태어날 때부터 로마 시민이었습니다." 바울이 말했다.

그러자 루시아가 소리쳤다.

"입으실 만한 옷을 찾아보고, 즉시 의사를 불러 와라. 그리고 안전한 곳으로 모셔라."

"저의 전속 의사가 있습니다. 제가 여행할 때마다 동행합니다. 무리 가운데 있을 테니 찾아보십시오."

루시아는 순간 겁이 덜컥 났다. 전속 의사라고! 군인들은 바울을 감방으로 데려갔지만 문을 잠그지는 않았다. 그러면서 이렇게 덧붙였다.

"감방으로 모신 것은 어디까지나 안전을 위해서입니다."

바울은 이때부터 거의 5년을 로마 제국의 죄수로 지냈다.

이튿날, 로마 군인들은 이 특별한 로마 시민의 암살을 막으려고 필사적으로 노력해야 했다.

27
공회가 소집되다

"공회로 데려 가겠소."

성전 근위병 하나가 바울을 쳐다보며 말했다.

"총독님과 공회의 뜻이오. 따라오시오, 말썽꾼 양반." 성전 근위병은 로마 군인이 아니었다.

사람들로 붐비는 예루살렘의 거리로 들어서는 바울은 마음이 편치 않았다. 그는 이렇게 생각했다.

'나는 지금 예수 그리스도께서 38년 전에 서신 바로 그 방으로 가고 있는 거겠지. 너무나 당연한 일이잖아! 내가 그리스도인들을 끌고 가 채찍질 당하고 감옥에 갇히게 했던 바로 그 방일 거야!'

그곳은 열둘이 공회 앞에 서서 위협 당했던 방이기도 했다. 바울은 유대 지도자들이 말썽꾼들에게 별로 관대하지 않은 것 같다고 생각했다.

블라스티니우스가 그 자리에 있었는지 모르겠다. 아니면 단검파가 그 자리에 있었는지도…. 바울은 방을 주의 깊게 둘러보며 생각했다. 시카리파가 베스도 총독과 모종의 거래를 했다는 소문이 끈질기게 나돌고 있었다. 베스도의 요구로, 시카리파가 전직 대제사장을 돕는 데까지 이른 것이다.

방에는 바울이 모르는 얼굴이 많았다. 사람들의 옷차림에서 그들이 누구인지 알 수 있었다. 그 가운데는 시카리파도 있는 게 분명했다.

공회 지도자 가운데 하나가 일어나 루시아의 편지를 읽기 시작했다.

"공회를 소집하여 다소 출신의 이 사람을 고소한 사건을 심리해 주기 바랍니다."

이 말이 끝나자, 바울은 방 한 가운데로 인도되었다. 의자도 없었다. 성전 근위병들이 바울의 양쪽에 서 있었다. 그리고 공회는 이방인 중에서 루시아만 대기실에서 들을 수 있도록 허락했다.

일흔 한 명의 배심원이 바울을 내려다보고 있었다.

'이 가운데 28년 전에 예수님이 사형 선고를 받으실 때 이 자리에 있었던 사람들이 얼마나 될까?' 바울은 생각에 잠겼다.

바울은 체중을 한 쪽 발꿈치에 실은 채 실내를 천천히 둘러보았다. 바로 그때 아나니아라는 사람이 심리가 시작되었음을 알리는 동작을 취했다. 아나니아는 역대 대제사장 가운데 평판이 가장 안 좋은 사람이었다. 관례대로라면, 바울이 아니라 다른 사람이 먼저 말을 해야 했다. 그러나 누가가 기록했듯이 주도권을 잡은 쪽은 바울이었다.

형제 여러분, 나는 이 날까지 하나님 앞에서 철저하게 선한 양심으로 살아왔습니다.

그때 바울은 누군가 "바울의 입을 치라"는 소리를 들었다. 말이 끝나기 무섭게 법정 정리(廷吏)가 그의 입을 세게 쳤다.

그때 바울이 그에게 "이 위선자야, 하나님이 너를 치실 것이다. 네가 나를 율법대로 재판한다고 거기에 앉아서 오히려 율법을 어기고 나를 치라고 하느냐?"하였다. 곁에 선 사람들이 "하나님의 대제사장에게 그런 모욕적인 말이 어디 있소?" 하자

바울은 깜짝 놀랐거나 최소한 놀란 표정을 지었다. 그는 목소리를 낮추며 대답했다.

형제 여러분, 나는 그가 대제사장인 줄 몰랐습니다. 성경에도 너희 백성의 지도자를 욕하지 말라고 기록되어 있습니다.

바울이 수세에 몰렸다. 이런 경우는 거의 없었다. 그러나 그는 재빨리 반격에 나섰고 상황을 자신에게 유리하게 이끌었다. 바울은 방을 가득 채운 사람들의 절반은 죽은 자의 부활을 믿는 바리새인들이지만 나머지 절반은 죽은 자의 부활을 믿지 않을 뿐 아니라 천사의 존재도 믿지 않는 사두개인들이라는 것을 알았다. 바울은 이렇게 외쳤다.

형제 여러분, 나는 순수한 바리새파 사람입니다. 내가 지금 심문을 받는 것은 죽은 사람이 부활한다는 희망 때문입니다.

신학적 견해만큼 강력하며 또 분열을 일으키는 것도 없다. 갑자기 바울을 비난하던 자들이 그의 지지자로 돌변했다. 실내는 논쟁과 모욕과 삿대질로 들끓었다.

의회가 온통 소란해지자 바리새파에서 몇몇 율법학자들이 일어나 "우리가 보니 이 사람에게는 아무런 잘못이 없습니다. 만일 영이나 천사가 그에게 말했다면 어떻게 하겠습니까?" 하고 그들의 강력한 주장을 내세우니

사두개인들이 격분하기 시작했다! 여기에는 그 자신이 사두개인인 대제사장도 포함되어 있었다.

한편, 루시아는 사람들의 말투가 갑자기 변한 것을 분명히 알 수 있었다. 그는 며칠 전에 있었던 소요를 떠올리면서 부하들에게 바울을 안전한 곳으로 옮기라고 지시했다.

"요새로 옮겨라!"

"도대체 이 사람이 누구란 말인가?" 루시아는 혼자 중얼거렸다.

바울은 다시 감방으로 옮겨졌다.

그날 밤, 한 무리의 바리새인들이 이스라엘에서 가장 위험한 몇 사람과 만났다. 모두의 마음에 살인이 자리 잡고 있었다. 이 부분의 대가인

대제사장 아나니아가 증오심에 불을 지폈다. 몇 년 전, 그는 유대 민족이 엘리에셀 벤 디나이(Eleazer Ben Dinai)라는 배교자가 로마에 저항하여 일으킨 봉기에 가담하지 않았음을 황제에게 증명하기 위해 유대인 대표단을 로마에 보낸 적이 있었다. 아나니아는 또한 디나이의 추종자 몇몇을 감옥에서 빼내려고 쿠마누스라는 전직 총독에게 뇌물을 주기도 했었다.

이날 밤, 아나니아는 시카리파와 젤롯당을 끌어들였다. 로마에 대한 봉기를 시도하다가 죽은 기살라의 추종자들도 그 자리에 있었다.

그 무렵, 이스라엘에서 가장 영향력이 큰 혁명 세력은 시카리파라는 것은 누구나 알고 있는 사실이었다. 이들은 엘리에셀 벤 디나이를 따르던 제사장 그룹과도 긴밀한 유대를 갖고 있었다. 이것은 악행을 꾀하는 사람들이 한 자리에 모인 대단한 모임이었다.

저녁이 가기 전, 아나니아는 가까스로 사람들을 한 가지 생각으로 묶을 수 있었다. 40여 명의 사람들이 이 한 가지 목적을 놓고 엄숙하게 맹세했다. 바로 바울을 죽이기 전에는 먹지도 마시지도 않겠다는 것이었다. 따라서 이들은 사흘 이내에 바울을 죽여야 했다. 기밀 유지는 당연한 것이었다. 특히 바리새인들은 이 모의가 드러날 걱정을 전혀 하지 않았다. 이들은 이러한 어둠의 결정을 시카리파만큼이나 은밀하게 내렸기 때문이었다.

그러나 거기 참석한 바리새인 가운데 바울의 누이를 아내로 둔 사람이 있다는 사실을 아는 사람은 아무도 없었다. 이 긴박한 밤 남편에게 이야기를 전해 들은 바울의 누이는 급히 아들을 바울에게 보냈다.

28
가이사랴 벨릭스 총독에게 압송되다

"바울 아저씨를 꼭 만나야 합니다." 어린 소년이 고집을 부렸다.

처음에, 문지기들은 아이가 너무 어렸기 때문에 그의 말에 신경을 쓰지 않았다. 그러나 그 소년의 입에서 "바울 아저씨를 죽이려는 음모가 있어요!"라는 말이 나오자 태도가 달라졌다.

로마 군인 하나가 곧바로 소년을 수비대 대장에게 데려갔고, 수비대 대장은 그를 바울의 감방으로 데려갔다. 거기서 루시아가 소년에게 부드럽게 말했다.

"얘야, 겁내지 말고 차근차근 말해 보겠니?"

"40명 정도의 사람들이 모여 내일 바울 아저씨를 죽이기로 맹세했어요… 그 가운데 시카리파가 제일 많대요." 소년은 호흡을 가다듬고 다시 말했다.

"아침에 공회가 바울 아저씨를 광석의 방(Hall of Polished Stones)으로 보내라고 요청할 거예요. 공회는 바울 아저씨에게 물어볼 게 있다고 말할 거구요. 하지만 바울 아저씨가 거기로 가는 길에 40명의 아저씨들이 공격을 할 거라고 했어요. 40명 모두 로마 군인들과 싸우다 죽을 각오가 되어 있다고도 했구요. 그 사람들은 기필코 바울 아저씨를 칼로 찌르려 할 거예요."

소년은 외삼촌에게로 고개를 돌리더니 이렇게 덧붙였다.

"바울 외삼촌, 저들이 맹세했어요. 매우 진지하고 엄숙한 종교적 맹세라고 어머니께서 제게 말씀해 주셨어요. 저들은 외삼촌이 죽을 때까지는 먹지도 않고 마시지도 않기로 맹세했대요. 그뿐만이 아니라 스스로에게 저주를 구했대요. 외삼촌을 죽이는 데 실패하면, 하나님께서 자신들에게 진노하시고 벌을 내리시도록 요구했대요."

바울은 긴 한숨을 내쉬었다.

"음. 죽음의 맹세라고! 스스로에게 저주를 구했다고!" 바울은 루시아를 올려다 보았다.

"이것이 저들이 하려는 짓입니다."

루시아는 머뭇거리지 않았다. 그는 부하들에게 말했다.

"저들이 굶어죽거나 목말라 죽게 만들어라. 그 누구도 내 죄수에게 손을 댈 수 없을 것이다."

그날 밤 늦게, 2백 명의 보병이 바울을 호위한 채 성을 빠져나갔다. 성문을 빠져나가자 2백 명의 창병과 70명의 기병이 가세했다. 이들의 한 가운데 바울이 있었다. 그런데도 이들은 바울을 로마 군인으로 변장

시켜 말에 태웠다!

중무장한 470명의 군대가 가이사랴를 향해 서쪽으로 이동했다. 이들이 안디바드리라는 곳에 이르자 보병은 예루살렘으로 돌아갔다. 여기서부터는 단 70명의 로마 기병이 바울을 호위하고 유대 광야를 지나 가이사랴로 향했다.

예루살렘의 감옥에 갇혀 있던 사랑하는 형제 바울은 이제 자신이 이 지역의 수도인 가이사랴로 끌려가 총독 앞에 서리라 생각했다. 당시의 총독은 벨릭스였다. (22년 전, 총독의 이름은 본디오 빌라도였다.)

총독 관저에 들어 선 바울은 이렇게 중얼거렸다.

"벨릭스 총독을 만나야겠어. '벨릭스는 노예의 마음으로 왕의 권력을 행사한다'는 말도 있지 않은가? 이 사람이 내 운명을 어떻게 결정할지 궁금하군. 벨릭스 총독은 전임자인 벤티우스 쿠마누스만큼이나 평판이 좋지 않지만 주님께서는 곧 내가 로마를 볼 것이며 네로 앞에 설 것이라고 내게 약속하셨어!"

70명의 기병이 말에서 내렸고, 바울은 마치 귀빈처럼 안으로 인도되었다. 바울은 이런 생각을 하면서 미소를 짓다가 웃음을 터트렸다. '우리 아버지는 자신이 로마 시민이 될 때 아들을 위해 어떤 일을 하셨는지 전혀 모르셨을 거야.'

이쯤에서 안토니오 벨릭스(Antonius Felix)가 어떤 인물인지 소개하는 게 중요할 것 같다. 글라우디오 황제는 죽기 얼마 전에 벨릭스를 유대 총독에 임명했다. 로마 왕궁에 있는 팔라스라는 그의 형 덕분이었다. 벨릭스가 하는 주된 일은 글라우디오 황제에게 아첨하는 것이었다. 팔라스는 또한 글라우디오 황제의 아내와도 친구였을 뿐 아니라 그녀가 전 남편에게서 낳은 아들, 네로와도 친구였다. 네로가 16세에 황제가 되었을 때, 팔라스는 네로의 최고 고문관 가운데 하나가 되었다.

벨릭스가 하는 일은 간단했다. 첫째는 강력한 로마군을 통해 조용할 날이 없는 유대인들을 통제하는 것이었고, 둘째는 유대인들의 환심을 사는 것이었다. 이것은 결코 간단한 일이 아니었다. (벨릭스는 바울을 만난 후 2년이 못 되어 유대 총독에서 물러났다. 가이사랴에서 일어난 소요 때문이었다. 벨릭스는 그 소요를 제대로 수습하지 못했기 때문에 로마로 소환되었다. 네로가 벨릭스의 목을 치지 않은 것은 전적으로 팔라스 때문이었다.)

벨릭스는 루시아의 편지를 받았다. 내용은 벨릭스가 좋아하지 않을 만한 것이었다. 이제 그의 손에 로마 시민이자 골칫거리 유대인이 맡겨졌다. 유대인들은 이 사람을 싫어하는 게 분명했다. 그렇지만 벨릭스가 바울을 보호해야 할 뿐 아니라 그에게 공정한 심리의 기회를 제공해야 하는 것도 분명했다.

바울이 가이사랴에 도착하고 얼마 후, 공회원들도 그곳에 도착했다. 이들은 아나니아가 고용한 더둘로라는 법률가를 데리고 왔는데, 이 사람은 꽤 유명하고 뛰어난 변호사였다. 더둘로의 임무는 바울의 인격을 가능한 한 손상시키는 것이었다. 설상가상으로 벨릭스는 아나니아에게 갚아야 할 빚이 있었다. (8년 전, 엘리에셀 벤 디나이가 폭동을 일으켰을 때, 아나니아는 벨릭스의 원수인 조나단을 암살하는 데 결정적인 역할을 했다.) 벨릭스는 아나니아에게 빚진 게 있었고, 아나니아는 지금이 그 빚을 받을 때라고 생각했다.

루시아가 벨릭스에게 보낸 편지가 여기 있다. 바울이 가이사랴의 감옥에 있을 때 그와 함께하려고 가이사랴로 갔던 누가가 편지의 사본을 입수했다.

글라우디오 루시아가 벨릭스 총독 각하께 문안드립니다. 이 사람이 유대인들에게 붙들려 죽게 되었으나 그가 로마 시민임을 알고 내가 부하들을 거느리고 가서 구해 냈습니다. 나는 유대인들이 이 사람을 고소하는 이유를 알아보려고 그를 의회로 데리고 갔습니다. 그러나 그 고소가 그들의 율법 문제와 관련되었을 뿐 가두거나 죽일 만한 죄는 없었습니다. 그리고 이 사람을 죽이려는 음모가 있다고 누가 나에게 일러 주어서 내가 즉시 이 사람을 각하께 보냅니다. 나는 또 이 사람을 고소하는 사람들에게도 각하 앞에서 직접 말하라고 지시했습니다.

아나니아는 벨릭스에게 공개 심리를 허락해 달라고 요구했다. 유능한 로마 법률가를 동원한다는 것은 심리가 엄격한 로마식으로 이루어진다는 뜻이었는데, 벨릭스는 이 심리를 허락했다.

바울은 총독궁의 큰 방으로 인도되었다. 바울은 방을 둘러보았다. 거기 블라스티니우스와 시카리파가 있었다. 순간, 바울은 이렇게 중얼거렸다.

"굶어죽을 사람은 없겠군!"

더둘로가 일어섰다. 그는 벨릭스 총독이 노예로 태어났으나 그의 형 팔라스의 힘을 등에 업고 권력의 자리에 올랐다는 사실을 알고 있었다. 더둘로의 전략은 벨릭스의 자존심을 자극하는 것이었다. 그날 누가도 그 방에 있었기 때문에, 우리는 더둘로가 무슨 말을 했는지 다 알고 있다.

벨릭스 각하, 우리는 각하의 탁월한 지도력으로 오랫동안 평안을 누려 왔습니다. 그리고 앞을 내다보는 각하의 선견지명으로 이 나라가 여러 가지로 개선되었습니다. 그래서 우리는 언제 어디서나 항상 각하께 감사하고 있습니다. 이제 각하를 피곤하게 하지 않고 간단하게 몇 말씀 드릴 테니 너그럽게 들어주시기 바랍니다. 이 사람은 전염병과 같은 존재로서 온 세계에 흩어져 사는 모든 유대인들을 선동하여 말썽을 일으키는 자이며 나사렛 이단의 두목입니다. 이 사람이 우리 성전까지 더럽히려고 하기에 우리가 붙잡았습니다. 우리는 그를 모세의 법대로 재판하려고 했으나 부대장 루시아가 강제로 뺏어가면서 각하께 직접 고소하라고 했습니다. 각하께서 직접 그를 심문해 보시면 우리가 그를 고소하는 이유를 아시게 될 것입니다.

벨릭스는 더둘로의 말을 그다지 경청하지 않고, 바울에게 답변을 해보라고 손짓했다. 바울은 아주 간단한 부분에 변론을 집중했다. 예루살렘에서는 소요가 없었으며, 자신은 아무 잘못도 하지 않았다는 것이었다.

각하께서 여러 해 동안 이 나라의 재판장으로 계시는 것을 알고 내가 오늘 기꺼이 변명하겠습니다. 각하께서도 조사해 보시면 아시겠지만 내가 예배드리려고 예루살렘에 올라온 지가 12일밖에 되지 않습니다. 저 사람들은 내가 성전이나 회당이나 시내 어느 곳에서 누구와 토론하거나 사람들을 선동하는 것을 보지 못했습니다. 지금 저들은 나를 고소하는 일에 대해서 아무런 증거를 제시할 수 없습니다.

그러나 내가 이것만은 각하께 시인합니다. 나는 이 사람들이 이단이라고 하는 예수님의 가르침을 따라 우리 조상의 하나님을 섬기며 율법과 예언서에 기록된 모든 것을 믿습니다. 또 이 사람들이 가진 하나님을 향한 희망을 나도 가졌는데 의로운 사람과 악한 사람이 다 부활하리라는 것이 바로 그것입니다. 그래서 나는 언제나 하나님과 사람 앞에서 깨끗한 양심으로 살려고 최선을 다하고 있습니다.

내가 여러 해 만에 내 민족에게 구제금을 전달하고 예물을 드리려고 예루살렘에 왔습니다. 내가 성전에서 정결 의식을 행하고 예물 드리는 것을 이들도 보았습니다. 그때는 선동할 군중도 없었고 전혀 소란스럽지도 않았으며 다만 아시아에서 온 몇몇 유대인들이 있었을 뿐입니다. 나에게 잘못이 있었다면 바로 그들이 여기 와서 고발했을 것입니다. 또 내가 의회 앞에 섰을 때 내게서 잘못한 것을 발견했다면 이 사람들에게 말해 보라고 하십시오. 나는 그들 앞에 서서 죽은 사람의 부활에 대하여 내가 오늘 심문을 받습니다라고 외친 것밖에 없습니다.

바울은 벨릭스에게 이 모든 것이 신학적인 논쟁일 뿐이라는 것을 증명하려 하고 있었다.

벨릭스는 바울이 말하는 동안 조용히 앉아 있었다. 그가 심각한 딜레마에 부딪힌 게 분명했다. 그는 유대인들을 달래야 했지만 동시에 로마 시민을 부당하게 위험에 빠뜨릴 수는 없었다. 그는 자신이 이 일을 잘 처리하지 못하면 총독 자리가 순식간에 위험해질 수 있다는 것을 알고 있었다. 그 위험의 이름은 바로 네로였다.

벨릭스는 잠시 고민하더니 지연책을 선택했다. 바로 그 모임 자체를 해산시켜 버린 것이다. 벨릭스가 방을 나간 다음 그곳에 모인 사람들의 불평과 비난이 쏟아졌다. 그날 그곳에 참석한 사람들 가운데 벨릭스가 이 사건에 대해 2년 동안 아무 조치도 취하지 않으리라고 예상한 사람은 아무도 없었다.

바울은 방에서 이끌려 나왔을 때 웃어야 할지 울어야 할지 몰랐다. 그는 블라스티니우스와 시카리파, 그리고 대제사장이 패배감에 사로잡히는 것을 지켜보았다. 그는 어떻게든 가이사랴 감옥에서 벗어날 방도를 찾아야 한다고 생각했으나 방도가 보이지 않았다.

며칠 후 벨릭스가 유대 여자인 아내 드루실라를 동반하고 와서 바울을 불러내어 그리스도 예수를 믿는 신앙에 대하여 들었다. 바울이 정의와 절제와 앞으로 있을 심판에 대하여 설명하자 벨릭스는 겁이 나서 "이제 그만 가거라. 기회 있을 때 내가 다시 너를 부르겠다" 하고 말하였다. 그는 또 바울에게서 뇌물을 받으려는 속셈으로 그를 자주 불러내어 이야기를 나누곤 하였다.

바울은 벨릭스에게 아무 뇌물도 주지 않았으나 예수 그리스도의 복음을 그와 기쁘게 나누었다.

이후 2년 동안, 바울에게는 매우 가까운 두 사람이 있었다. 하나는 아리스다고였고 다른 하나는 누가였다. 여덟은 바울이 빨리 석방되길 바라며 여러 달 동안 가이사랴에 머물러 있었다.

그러나 시간이 좀 더 지연될 거라 생각한 바울은 이들을 이방 세계로 돌려보내 교회를 돌보게 했다. 그리고 자신이 석방되었다는 소식을 들으면 달려와 달라는 부탁도 잊지 않았다.

이듬해 봄, 예수 그리스도께서 부활하신 지 29년이 되던 해에 가이사랴에서 소요가 일어났다. 이 소요 때문에, 네로는 벨릭스를 로마로 소환했고 대신에 보르기오 베스도(Porcius Festus)를 새 총독으로 임명했다.

베스도가 이스라엘에 도착하기도 전에, 이스라엘의 종교 지도자들은 베스도가 가장 먼저 해결해야 할 것이 바울 문제라고 그에게 알렸다. 베스도는 이들의 요구에 응해 가이사랴에 짐을 풀기도 전에 곧바로 예루살렘으로 달려가 바울에 대한 유대인들의 고소를 들었다. 벨릭스처럼, 그는 즉시 타협점을 찾기 시작했다.

대제사장은 베스도에게 바울을 자신들의 손에 넘김으로써 히브리 지도자들을 기쁘게 하는 게 지혜로울 것이라고 말했다. 대제사장의 계획은 바울을 예루살렘으로 데려오는 것이었다. 그러면 나머지는 시카리파가 알아서 처리하게 되어 있었다.

그러나 모든 게 대제사장의 계획대로 되지는 않았다. 베스도는 벨릭스보다 나은 점이 있었다. 그는 대제사장에게 빚진 게 없었던 것이다. 베스도는 유대 지도자들을 가이사랴로 한 번 더 초대했다. 유대 지도자들은 그의 초대를 받아들였다.

베스도의 첫 공개 심리는 우리의 형제 바울을 위한 것이었다. 이제 바울은 두 번째로 유대 법정에 섰다. 유대 지도자들이 다시 한 번 바울을 고소했는데, 그 내용은 바울이 전 세계에 위협이 된다는 것이었다. 그러나 여전히 이들의 고소는 모호했다. 말하자면 증인이 하나도 없었다.

베스도는 당황했다. 그는 고문관에게 조언을 구했으나 그들도 이 문제에 대해 속 시원히 말해 줄 게 없었다. 이로 인해 한 가지는 분명해졌다. 유대 지도자들이 바울을 고소할 거리가 없다는 것이다. 바울은 자신을 변호할 때, 바로 이 부분을 지적했다.

그때 바울이 "나는 유대인의 율법이나 성전이나 황제에 대해서 아무런 죄도 짓지 않았습니다" 하고 변명하였다. 베스도는 유대인들의 호감을 사려고 "네가 예루살렘으로 올라가서 이 사건에 대하여 내 앞에서 재판을 받겠느냐?" 하고 물었다.

베스도의 입장에서는 발 빠른 움직임이었다. 유대 지도자들은 미소를 지었다.

바울은 주저했다. 그는 큰 딜레마에 직면했다. 더 이상 감옥에 갇혀 있고 싶지 않았으나 예루살렘으로 돌아가면 죽으리라는 것도 알고 있었다. 이 상황을 타개할 수 있는 유일한 방법은 가이사에게 항소하는 것인데, 그때까지 그렇게 한 사람은 거의 없었다. 가이사에게 항소한다는 것은 가이사 앞에 설 날을 기다리면서 로마 감옥에서 1년을 더 기다려야 한다는 뜻이었다.

하지만 결국 바울은 결심했다. 그는 원수들이 자신을 죽이고 만족하게 하는 대신에 스스로 로마 감옥에 갇히는 쪽을 택했다.

나는 황제의 법정에서 재판을 받겠습니다. 각하께서도 아시다시피 나는 유대인들에게 잘못한 일이 전혀 없습니다. 내가 만일 죽을 죄를 지었다면 사형도 달게 받겠습니다. 그러나 이들의 고소가 사실이 아니라면 아무도 나를 그들에게 넘겨 줄 수 없습니다.

바울은 목이 메었다. 자신이 스스로에게 로마 감옥에서 매우 오랜 시간을 보내라는 판결을 내렸다는 것을 너무나 잘 알고 있었기 때문이었다.

나는 로마 황제에게 상소합니다.

벨릭스는 이러한 법적 선언을 들은 후 법적 선언으로 대응했다.

네가 황제께 상소하였으니 황제에게 갈 것이다.

이 한마디로 상황이 종료되었다! 바울은 자신의 운명을 결정할 수 있는 유일한 존재인 로마 황제 앞에 서게 될 것이다. 바울이 그날 얻은 수확이라면 그의 원수들을 말할 수 없는 절망에 몰아넣었다는 것뿐이었다.

바울은 이제 가이사랴를 떠나게 됐지만 법적 절차를 밟는 데 시간이 걸릴 것이었다. 누가는 여덟에게 가이사랴로 돌아오라고 즉시 기별했다.

그러나 바울은 로마로 떠나기 전에 한 번 더 지체하게 됐다. 죽기 전까지, 바울은 세 명의 로마 총독과 황제 앞에 섰다. 이스라엘을 떠나기 전, 바울은 유대 왕족, 즉 헤롯 대왕의 손자 앞에 서게 된다.

29
베스도 총독과 아그립바 왕 앞에 서다

"귀빈이 온다. 왕과 그 가족이 온다!" 베스도가 혼자 중얼거렸다.

"아그립바 왕과 그 누이, 버니게께서 언제 도착하시는가?"

"열흘 후에 도착하십니다." 고문관이 말했다.

"아그립바는 갈릴리 지역을 다스리는 걸로 아는 데, 그렇지 않은가? 그리고 예수라는 선지자가 갈릴리 출신이 아닌가?"

"예, 맞습니다. 이 종파가 태동할 무렵부터 그들을 없애려 했던 사람이 아그립바입니다. 예수의 사촌을 죽인 것도 바로 아그립바입니다. 그러나 그도 이 종파에 대해서는 성공했다고 할 수 없습니다. 헤롯 아그립바가 이 종파의 지도자들을 옥에 가둘 때마다 그들이 탈출했으니까요."

베스도가 웃었다.

"내가 이 로마-유대인을 그처럼 쉽게 다룰 수 있었으면 좋을 텐데. 아니면 그를 유대-로마인이라 불러야 하나? 여하튼 아그립바가 유대인들의 낯선 의식들에 대한 정보를 내게 줄 수 있을까?"

"그렇습니다, 각하! 아그립바와 그의 누이는 모두 그 유대교로 개종한 사람들입니다." 고문관이 말했다.

"그래! 그렇다면 잘 됐군! 아그립바가 오면 바울에 대해 말해줘야겠네. 나로서는 그나 다른 유대인들이 하는 말을 절반도 못 알아듣겠거든. 혹시 아그립바가 정확히 이스라엘의 어느 지역을 다스리는지 아는가?"

"정확히 말해 칼키스(Chalcis) 지역입니다, 각하." 고문관이 대답했다. "레바논 산맥과 헤브론 산 사이에 위치한 작은 지역입니다. 최근에 그가 다스리는 지역이 늘어났습니다."

"그의 누이에 대해 아는 게 있으면 말해 보게."

"그 여자의 이름은 버니게입니다. 그녀에게는 드루스길라라는 여동생이 있습니다. 드루스길라는 해임당한 벨릭스 총독의 부인입니다. 또 한 가지, 버니게와 아그립바가 근친상간을 하고 있다는 소문이 있습니다."

"확실한 얘긴가?"

"증거는 없습니다, 각하."

"그렇다면 그 소문은 무시해야겠군."

열흘 후, 아그립바와 그의 누이가 화려하고 성대한 환영을 받으며 가이사랴에 도착했다. 베스도는 이들과 함께한 첫날의 대부분을 유대교에 관해 묻는 데 보냈다. 마침내 이야기가 바울에게로 향했다.

"우리도 이 사람에 대해 많이 들었소." 아그립바가 말했다.

"이 사람은 종교적인 유대인들에게 내 부친 시절의 세례 요한만큼이나 골치 아픈 존재인 것 같소." 아그립바가 웃으며 말했다.

"내가 부친만큼이나 어리석은 짓을 해볼까 싶은데… 바울이라는 사람을 직접 만나볼 수 있겠소? 그러면 이 논쟁의 진짜 핵심이 뭔지 알아낼 수 있을 것 같은데."

"그렇게 해주시면 더 없이 감사하겠습니다." 베스도가 말했다.

"아그립바 왕 앞에 서게 될 것이오." 누군가 바울에게 알려주었다.

"그러니 제일 좋은 옷을 입으시오. 화려하게 차려 입은 왕족 앞에 서게 될 테니 말이오. 이번 아그립바 왕의 총독 방문에서는 당신이 메인 이벤트가 될 거 같소."

"난 내 역할을 다 할 거요." 바울이 말했다.

"난 내 주님이 재판받았던 바로 그 법정에서 재판을 받았소. 그러니 세례 요한의 목을 벤 사람의 아들 앞에 서지 못할 이유가 어디 있겠소. 내 주님께서 나를 얼마나 영광스럽게 하시는지 모르겠소!"

바울은 자신에게 말할 시간이 주어질 것이며, 아그립바가 이 논쟁의 핵심이 무엇인지 베스도에게 최대한 설명해 주리라는 것을 알고 있었다.

베스도는 심리를 준비하면서 유대인과 이방인을 가리지 않고 가이사랴의 유지들을 모두 초대했다. 누가도 입장을 허락받았다.

모두가 심리실에 모였다. 바울이 네로 앞에 서기 전까지, 이 날 바울은 가장 거창하고 화려한 귀족들 앞에서 증언했다. 나팔과 북이 울리자 베스도가 아그립바와 그 누이와 함께 입장했다. 그러자 모든 사람들이 일제히 일어나 머리를 숙였다.

누가는 나중에 이렇게 말했다.

"그날 바울이 그 방의 중앙으로 이끌려 갈 때처럼 작아 보인 적은 없었습니다."

"아그립바 왕이여, 그리고 오늘 이곳에 모인 여러분, 이 사람을 주목해 주십시오. 유대인들은 제가 그를 예루살렘으로 보내 재판을 받게 해야 한다고 했습니다. 그들은 자신들의 율법에 따라 이 사람을 죽이고 싶어 합니다. 그러나 제가 보기에 이 사람은 죽을 만한 짓을 전혀 하지 않았습니다. 그는 로마 시민이며, 따라서 우리의 위대한 네로 폐하께 항소했습니다. 저는 그의 항소를 받아들이기로 결정했습니다. 그래서 바울은 로마로 갈 것입니다. 거기서 황제 앞에서 서게 될 것입니다.

그러나 저는 지금 진퇴양난에 처해 있습니다. 황제께 이 사람에 대해 어떻게 보고해야 할지 모르겠습니다. 그러니 아그립바 왕이여, 이 사람의 이야기를 듣고 제가 가이사에게 어떻게 보고해야 할지 조언해 주십시오.

제가 보기에는 죄수의 혐의가 뭔지도 모르는 상태에서 로마로 보내는 것은 바람직하지 않은 것 같습니다."

베스도가 웃으면서 덧붙이자, 청중이 따라 웃었다.

아그립바는 서른두 살로 한창 때이며 최고의 권력을 누리고 있었다. 그는 경멸스러운 투로 바울에게 말했다.

"네 자신을 위해 말해도 좋다."
바울은 정확히 그렇게 했다.

오늘 아그립바 왕 앞에서 유대인들이 나를 고소한 것에 대하여 변명하게 된 것을 다행으로 생각합니다. 특히 왕께서 유대인들의 풍속과 문제들을 잘 아시니 내 변명을 끝까지 들어 주시기 바랍니다.

유대인들은 내가 어렸을 때부터 내 고향과 예루살렘에서 어떻게 살아왔는지를 다 알고 있습니다. 그들은 처음부터 나를 알고 있기 때문에 내가 우리 종교의 가장 엄격한 바리새파에서 생활해 왔다는 것을 얼마든지 증거할 수 있을 것입니다. 지금 내가 여기서 심문을 받는 것은 하나님이 우리 조상들에게 약속하신 것에 희망을 두고 있기 때문입니다. 이것은 우리 이스라엘 열두 지파가 밤낮 하나님을 열심히 섬기며 이루어지기를 바라는 약속입니다. 아그립바 왕이시여, 나는 바로 이런 희망 때문에 유대인들에게 고소를 당하고 있습니다. 하나님이 죽은 사람을 살리시는 것을 어째서 여러분은 믿지 못할 일로 여기십니까?

나도 전에는 나사렛 예수님의 이름을 대적하는 일이라면 발 벗고 나서야 할 것으로 생각하고 예루살렘에서 그 일을 직접 감행했습니다. 나는 대제사장들에게서 권한을 받아 많은 성도들을 감옥에 가뒀으며 또 그들을 죽이는 데에도 찬성했습니다. 그리고 모든 회당을 돌아다니면서 그들을 처벌하고 강제로 예수님을 저주하게 했습니다. 더욱이 그들에 대하여 화가 머리 끝까지 치밀어 오른 나는 외국의 여러 도시에까지 가서 신자들을 괴롭혔습니다.

이런 일로 나는 대제사장들에게서 권한과 임무를 부여받아 다마스커스로 가게 되었습니다. 왕이시여, 정오쯤 되었을 때 내가 길에서 보니 해보다 더 밝은 빛이 나와 내 일행을 비추었습니다. 우리가 모두 땅에 엎드리자 히브리 말로 사울아, 사울아, 네가 왜 나를 괴롭히느냐? 가시 채찍을 뒷발질해 봐야 너만 다칠 것이다 라는 음성이 내게 들려왔습니다. 그래서 내가 당신은 누구십니까? 하고 묻자 주님께서 이렇게 말씀하셨습니다. 나는 네가 핍박하는 예수이다. 일어서라. 나는 이제 너를 일꾼으로 삼아 네가 오늘 본 것과 앞으로 내가 보여 줄 일을 증거하게 하려고 너에게 나타났다. 내가 네 백성과 이방인들에게서 너를 구출하여 그들에게로 보내겠다. 이제 너는 그들의 눈을 뜨게 하여 어둠에서 빛으로, 사탄의 세력에서 하나님에게로 돌아오게 하고 나를 믿어 죄에서 용서받고 성도들이 받는 하늘 나라의 축복을 받게 하라.

아그립바 왕이시여, 그래서 나는 하늘의 그 환상에 거역하지 않고 먼저 다마스커스에서, 그 다음에 예루살렘과 온 유대에서, 그리고 이방인들에게까지 가서 회개하고 하나님께 돌아와 회개한 것을 행동으로 보이라고 외쳤습니다.

바울은 잠시 말을 멈추더니 버니게를 쳐다보았다. 항상 자신의 감정

을 잘 다스리는 그녀는 바울의 말에 전혀 반응하지 않았다. 바울이 하던 말을 계속했다.

그러자 유대인들이 성전에서 나를 붙잡아 죽이려고 했습니다. 그러나 나는 하나님의 도우심을 받아 오늘도 여기 서서 높고 낮은 모든 사람들에게 예언자들과 모세가 예언한 한 가지 사실을 증거하게 되었습니다. 그것은 그리스도께서 고난을 당하시고 죽은 사람들 가운데서 맨 먼저 부활하셔서 이스라엘 백성과 이방인들에게 구원의 빛을 선포하시리라는 것입니다.

베스도는 여느 때와 같은 기분이었다. 그는 죽음, 부활, 한 하나님, 한 길… 그리고 자신의 사상에 맞지 않는 다른 많은 말에 아주 실망했다. 반대로, 아그립바는 단어 하나 하나에 귀를 기울였다.
이상한 이야기를 더 이상 참고들을 수 없었던 베스도가 갑자기 소리쳤다.
"바울아, 네가 미쳤구나. 너의 많은 학식 때문에 네가 미쳐 버렸다."
아그립바는 베스도의 갑작스런 태도에 크게 놀랐다. 게다가 그 순간, 아그립바는 베스도가 히브리 사람들에 대해 너무나 모른다는 것을 깨달았다.

베스도 각하, 나는 미치지 않았습니다. 맑은 정신으로 참된 진리를 말하고 있습니다. 이 일은 한쪽 구석에서 된 일이 아니기 때문에 내가 자신

있게 말합니다만 아그립바 왕께서도 이 일에 대하여 하나도 빠짐없이 다 아실 줄 믿습니다. 아그립바 왕이시여, 예언자들을 믿으십니까?

바울은 잠시 말을 멈추더니 강한 어조로 말했다.
"물론 믿으시는 줄 압니다."
순간적으로 경계를 늦춘 아그립바는 겸손한 듯한 미소를 지으며 말했다.
"그토록 짧은 시간에 나를 설득하여 그리스도인이 되게 할 수 있다고 생각하는가?"
"짧은 시간이든 긴 시간이든 왕뿐만 아니라 지금 제 말을 듣고 있는 모든 사람들이 저처럼 되기를 하나님께 기도합니다."
그런 후, 바울은 두 팔을 들고 이렇게 덧붙였다.
"이렇게 결박된 것만 빼고 말입니다."
사람들은 바울의 말과 몸짓을 재미있어 했다. 모두 웃었고, 몇몇은 박수를 치기까지 했다. 왕과 총독과 버니게와 또 함께 앉았던 사람들이 일어나 밖으로 나갔다. 바울의 청중도 자리를 떴다. 베스도와 아그립바는 다른 방에서 여러 가지를 주의 깊게 의논했다. 하지만 실제로 아그립바가 할 수 있는 것이라고는 베스도의 의견에 동의하는 것뿐이었다.
"베스도, 당신이 옳았소. 이 문제는 로마법과는 전혀 상관이 없소. 이 사람은 무죄요. 이것은 전적으로 관습과 종교적 가르침과 신학의 문제일 뿐이오. 이 사람은 몇몇 종교적인 유대인들을 화나게 한 것 외에는 아무것도 한 게 없소. 다시 말하지만, 이 사람은 로마법을 어기지 않았소."

베스도가 한숨을 지으며 말했다.

"그렇다면 황제 폐하께는 뭐라고 설명해야 합니까? 이 사람이 황제에게 항소하지 않았다면 지금이라도 석방될 수 있었을 겁니다."

여기서 이들의 운명을 잠시 이야기하는 게 좋을 것 같다.

7년 후, 이번에는 가이사랴나 예루살렘이 아니라 이스라엘 전역에서 소요가 일어났다. 아그립바와 버니게는 로마로 피했다. 버니게는 후에 황제에 오른 사람의 첩이 되었다.

베스도는 어떻게 됐는가? 베스도가 유대 총독이 되었을 때, 젤롯당, 즉 온 이스라엘에 문제를 일으키고 있는 엘리에셀 벤 디나이의 추종자들이 있었다. 이들은 영향력이 커지고 있던 시카리파와 함께 베스도에 많은 어려움을 안겨주었다. 그러나 더 강력한 세력이 활동하고 있었는데, 이스라엘 전역에 묵시에 관한 예언들이 선포되고 있었다. 베스도는 끊이지 않는 이런 저런 저항에 시달리며 2년을 보냈다. 그는 온갖 저항 운동을 억누르는 데 성공했지만 예언을 막을 수는 없었다. 그리고 모든 예언은 임박한 심판에 관한 것이었다. 어디를 가든 히브리인이 서서 자신이 선지자이거나 이스라엘의 구원자라고 외치는 것 같았다. 베스도가 한 곳에서 질서를 잡는 데 성공하면 다른 곳에서 일이 터졌다.

그 가운데 최악은 가이사랴의 이방인들이 자신들이 가이사랴를 다스려야 한다고 주장할 뿐 아니라 지도자급 유대인들도 동일한 주장을 하고 있다는 것이었다. 로마에서, 네로는 헬라인들을 우호적으로 대하기로 결정했다. 그 결과 가이사랴의 히브리인들이 동등한 지위를 잃어버리고 차별을 받게 되었다.

이로 인해 소요가 일어나자, 베스도는 이스라엘의 운명은 고사하고 자신의 운명도 어찌할 수 없었다. 결국 2년 후, 베스도는 알비니우스라는 총독으로 교체되었는데 알비니우스는 베스도보다 훨씬 더 부패했고 이스라엘을 다스릴 준비가 훨씬 덜 되어 있었다.

이들이 바울의 말을 듣던 날 누리고 있던 권력과 영광은 곧 치욕으로 바뀔 것이었다.

그러면 바울은 어떻게 되었는가?

심리가 있은 지 며칠 후, 베스도는 바울을 배에 태워 로마로 보낼 준비를 하기 시작했다. 그러나 바울은 자신이 앞으로 로마에서 추가로 2년을 더 갇혀 있게 되리라는 것을 알 리 없었다.

정확히 6년 후, 이스라엘은 로마와 전쟁(유대전쟁)에 돌입했다. 그러나 바울이 가이사랴에서 배를 타고 떠난 지 불과 4년 후, 로마의 그리스도인들은 죽임을 당하거나 로마를 빠져나왔다.

바울은 8년을 더 살았고 예루살렘은 10년 후에 완전히 멸망했다.

이제 내가 알고 있는 이야기를 마무리해야 할 때가 된 것 같다. 나는 바울이 자신을 태운 배가 침몰을 향해 가고 있음을 깨달았을 때까지만 이야기하기로 하겠다. 나머지 부분에 대해서는 다른 사람에게 맡길 것이다.

이제 가이사랴 항구에서 배를 기다리는 바울을 따라가 보자.

30
가이사랴에서 로마로 압송되다

"누가 형제님, 물에 젖으면 안 되는 것은 하나도 갖고 타지 마세요. 형제님이 가이사랴에서 2년이나 걸려 힘들게 쓴 그리스도의 생애에 관해 쓴 책을 한 순간에 잃어버릴 수도 있습니다. 배가 침몰할 겁니다! 지금은 아무리 큰 배라도 로마로 가기에는 너무 늦은 시기입니다. 저는 여러 형제에게 로마에서 만나자고 했지만 모두에게 육로로 가라고 했습니다. 그러니 형제님의 두루마리를 그들에게 맡기세요."

"똑같은 게 두 개입니다. 필사를 해 두었거든요." 누가가 대답했다.

"그러니 하나는 잃어도 괜찮습니다. 게다가 이런 책에 관심을 가질 사람이 있겠습니까? 마가 형제와 마태 형제가 주님의 생애에 관한 책을 이미 썼지 않습니까?"

"둘 다 육로로 보내세요." 바울이 간곡히 말했다.

"게다가 이방인의 시각으로 쓴 주님의 생애에 관한 이야기를 읽어보고 싶어 하는 사람이 수백은 넘을 겁니다."

"정말로요?" 누가가 믿지 못하겠다는 듯이 물었다.

"그건 그렇고…." 바울이 이어서 말했다.

"처음에 저들은 제가 로마에 한 사람을 데려가도 좋다고 했습니다. 그런데 저는 두 사람을 요청했습니다. 다행이 오늘 아침 두 사람 다 데려가도 좋다는 허락이 났습니다. 아리스다고 형제도 우리와 함께 갈 겁니다."

"그 형제는 지금 어디 있습니까? 그리고 여덟… 아니 일곱은 어디 있습니까?" 누가가 물었다.

"곧 도착할 겁니다. 그들이 아리스다고 형제를 못 살게 구는 것 같아 걱정이네요."

"그 형제들은 어떻게든 서로 떨어지지 않으려 하죠" 누가가 웃으며 말했다.

"바울 형제님, 형제님을 호송할 책임자는 만나 보셨나요?"

"예. 율리오라는 사람인데, 작은 로마 수비대를 이끌고 있습니다. 그의 말에 따르면, 우리가 탈 배가 로마까지는 가지 않는다고 하는데 저로서는 이 부분이 좀 걱정입니다. 저는 우리가 북서풍이 불기 전에 로마나 그게 안 되면 안전한 항구에 이르길 바랄 뿐이거든요. 우리가 갈아탈 배는 북서풍과 싸우게 될 테고, 우리는 결국 로마에 도착하지 못할 겁니다.

형제님이 알고 싶어 할지 모르겠습니다만, 우리 배에는 여러 명의 죄수가 타게 됩니다. 대부분은 로마에 도착하면 죽을 것입니다. 율리오에게 들기로, 몇몇은 시장에서 노예로 팔릴 것이며 몇몇은 사자 밥이 될 것이며 소수는 검투사가 되어 원형 극장에서 죽을 때까지 싸울 것이라고 합니다."

"우리가 로마에 이르기 전에 이들 가운데 몇몇에게라도 주님을 전할 기회가 있을 겁니다." 누가가 말했다.

"형제님도 저들과 함께 있게 되나요?"

"아닙니다. 제가 알기로 죄수들은 사슬에 매인 채 아래층에서 지낼 겁니다. 각자의 사슬은 화물칸의 들보에 고정될 거고요. 다행히 주님께서 저를 이런 운명에서 구해주셨습니다. 제 로마 시민권이 다시 한 번 효력을 발휘한 거죠. 베스도 총독이 제가 갑판을 산책하도록 허락하라고 명령했답니다. 물론 사슬에 묶인 채로요." 바울이 말했다.

"그렇다면 날씨가 좋길 바라야겠군요." 누가가 말했다.

"그리고 겨울 전에 로마에 도착하길 바라야죠. 그러지 못하면, 에테시안을 만날 겁니다." 바울이 어두운 표정으로 덧붙였다.

"이전에도 에테시안 때문에 저와 마가와 바나바 형제가 죽을 뻔 했습니다. 에테시안은 죽음의 폭풍입니다. 에테시안 앞에서는 그 누구도, 그 어떤 배도 감히 도박을 해서는 안 됩니다."

바울의 젊은이들이 도착했다. 예상대로 그들은 아리스다고를 못 살게 굴고 있었고, 무엇보다도 그가 바울과 함께 떠나는 것을 부러워하며 질투했다. 아리스다고는 형제들 가운데 가장 강하고 용감했다. 물론, 가이오를 제외하고.

바울이 그를 동행자로 선택한 것도 이 때문이었다. 디모데가 약골이 아니었다면, 디모데를 선택했을 것이다.

갑자기 로마 전차들이 덜거덕 거리는 소리가 들렸다. 베스도가 친히 바울을 배웅하러 항구에까지 나온 것이었다. 이 광경에 모두가, 바울 자신도 깜짝 놀랐다. 사실, 베스도는 바울을 존경하게 되었던 것이다.

베스도가 잠깐 있다 돌아간 후, 아홉 명은 서로 뜨겁게 포옹하며 작별 인사를 나누었다. 형제들이 아리스다고를 다시 못 살게 굴자 이번에는 바울이 그들을 말렸다.

"아리스다고와 누가와 나는 죽고 자네들은 살아 있을 가능성이 아주 높네. 항해를 하기에는 계절적으로 너무 늦은 시기지. 이번 항해에 대해서는 왠지 불길한 예감이 드네. 내게 위로가 되는 것은 주님께서 내가 로마를 볼 것이며 내가 네로 앞에 설 것이라고 약속하셨다는 것뿐일세. 주님은 내게 이렇게 말씀하실 때 누가 형제나 아리스다고 형제는 언급하지 않으셨네."

모두들 한바탕 웃었다.

그 다음으로, 바울은 한 사람 한 사람에게 지시하기 시작했다.

"가능하다면 가이오 형제와 연락을 취하게. 어쨌든 애굽은 로마와 이스라엘에서 먼 거릴세. 내가 로마에 도착하면 자네들에게 편지하겠네. 자네들에게 가능한 한 빨리 로마로 오라고 요청할 걸세. 그때쯤이면 자네들은 수많은 곳에서 주님의 일을 하고 있으리라는 건 나도 아네. 자네들이 없어도 주님의 일이 위험에 빠지지 않는다면 로마로 오게.

디모데 형제, 여기를 떠나 즉시 에베소로 가게. 내가 로마에 도착했다는 소식이 들릴 때까지 거기 머물게. 그리고 내가 로마에 도착했다는 소식을 듣는 즉시 빌립보로 가게. 거기서 로마로 오게. 자네는 여행을 가장 많이 했고, 따라서 내 대신 로마 교회를 가장 잘 섬길 준비가 된 사람이네. 내가 네로의 손에 죽으면, 자네가 로마 교회와 에베소 교회가 전환기를 벗어나 안정될 때까지 두 교회를 맡아주게.

세군도 형제, 자네는 즉시 북부 헬라로 가게. 두기고 형제와 드로비모 형제, 자네 둘은 에베소 지방으로 가서 소아시아 전역을 훑게. 자네들은 소아시아 말과 방언을 할 줄 아니까 그 점을 충분히 활용하고 모든 수단을 동원해 복음을 전하게. 그리고 그 지역에서 교회가 없는 곳에는 주저 없이 교회를 세우게."

바울은 심호흡을 하면서 두기고와 드로비모의 얼굴을 유심히 쳐다본 후 이렇게 덧붙였다.

"자네들이 반드시 찾아내야 할 사람이 있네. 자네들은 여덟이 아니라 아홉이어야 하네. 그게 나의 간절한 바람일세. 에바브라가 순종한다면, 자네들과 함께 일하자고 권해 보게."

그러나 바울은 곧 마음이 바뀌었다.

"아닐세. 이건 옳지 않네. 에바브라를 찾게. 그러나 내가 로마에 도착했다는 소식을 듣거든 에바브라를 내게 보내게."

"에바브라는 여행 경험이 별로 없습니다." 디도가 말했다.

"맞네." 바울이 말했다.

"그러나 그에게는 특별한 게 있지… 그는 에바브라이지 않은가?"

모두들 즐겁게 웃었다! 모두들 무슨 뜻인지 알고 있었기 때문이다.

에바브라는 특별한 사람이었으며, 결코 헤아릴 수 없을 만큼 재주가 많은 사람이었다.

"디도 형제, 자네는 수리아로 돌아가게. 안디옥 바깥의 수리아에 있는 교회들을 방문해주게. 수리아 전역을 돌아보고, 내 고향 길리기아로 들어가게. 그리고 모든 교회들에게 여기서 일어난 일을 전해주게. 디도 형제, 자네가 해야 할 일이 하나 더 있네. 구브로로 가서 바나바 형제를 찾아보게. 그를 찾아 지난 2년간 있었던 모든 일을 전해주게. 그리고 나를 위해 구브로의 이방인 모임들이 오래된 유대 모임들 사이에서 얼마나 잘 지내는지 알아보게. 달리 말하자면, 길리기아와 수리아와 구브로에 있는 모든 모임의 소식을 내게 전해 주었으면 하네. 그뿐만 아니라 복음이 그레데에 전해졌는지도 내게 알려주게. 전해졌다면, 유대인들에 의해 전해졌는지 아니면 이방인들에 의해 전해졌는지도 알아보게.

소바더 형제, 자네는 북부 헬라로 가서 지난 몇 달 동안 일어난 일을 베뢰아와 데살로니가에 전하게. 두라기움의 새 모임을 찾아 그들에게 힘을 주고, 이따금 고린도로 내려가 그곳의 형제자매들도 격려해주게."

이렇게 말한 뒤, 바울은 누가를 쳐다봤다.

"누가 형제님이 자네들에게 할 말이 있다네."

누가는 잠시 놀란 표정을 짓더니 얼굴이 붉어졌다. 그는 조금 머뭇거렸다.

"또 다른 책을 쓰기 시작했습니다."

형제들이 즉시 환호성을 올렸다.

"무엇에 관한 책입니까?" 디모데가 물었다.

"주님의 생애에 관한 이야기를 끝낸 후, 주님이 승천하신 이후 일어난 일에 관한 이야기를 쓰기로 결심했습니다. 여러분이 알듯이, 저는 이곳 가이사랴에서 바울이 석방되길 기다리고 있었습니다. 이곳에서 지내는 동안, 주님의 생애에 관한 정보를 많이 모았습니다. 그 가운데 새로운 것도 많습니다. 그리고 그 정보를 모두 기록해 두었습니다. 그러나 그 과정에서 주님이 승천하신 이후에 일어난 일에 대해서도 많은 것을 알게 되었습니다. 오순절에 대해서도 알게 되었고… 바나바 형제가 안디옥에 갈 때까지… 지금 이 모든 것을 기록으로 정리하고 있습니다."

"정말 멋지군요!" 세군도가 말했다.

"그런데 왜 안디옥에서 멈추세요?"

"무슨 뜻인가요?" 누가가 물었다.

"바나바 형제님이 안디옥에 오신 이후에 일어난 일에 대한 이야기는 왜 쓰지 않으시나요?"

"무슨 이야긴가?" 바울이 물었다.

세군도가 흥분을 가라앉히며 말했다.

"무슨 이야기라뇨? 바울 형제님 이야기죠!"

"절대로 안 되네!" 바울이 말했다.

"절대로 안 되네. 난 이미 논쟁거리가 되어 있지 않은가? 게다가 누가 관심이나 갖겠는가? 아무도 거들떠보지 않을 걸세."

"누가 형제님은 바울 형제님이 전혀 논쟁거리가 되지 않도록 이야기를 쓰는 능력과 은사가 있습니다." 두기고가 말했다.

"그래도 안 되네!"

그러자 세군도가 합세했다. "누가 형제님, 바울 형제님이 죽은 후에는 가능할 겁니다. 그때는 바울 형제님의 허락을 받을 필요가 없을 테니까요."

세군도가 던진 농담에 토론은 끝났다.

배가 출항할 시간이 가까웠다.

예수 그리스도께서 부활하시고 오순절에 교회가 탄생한 지 정확히 30년이 지났다. 8월이었다.

그때 율리오가 나타났다.

"이들은 누굽니까?"

율리오가 바울 주위에 모여 있는 사람들을 보면서 거칠게 물었다. 그러나 어느 누구도 그의 눈빛에 겁을 먹지 않았다.

"친구들입니다." 바울이 대답했다.

그러자 율리오의 어조가 부드러워졌다.

"선생은 이 배에 탄 사람들 가운데 유일한 로마 시민입니다. 베스도 총독께서 선생과 두 명의 동행자를 성심껏 보살피라고 명하셨으니 나는 명령대로 할 것입니다. 난 선생이 문제를 일으키지 않을 거라 믿습니다. 하지만 만약 문제를 일으킨다면 화물칸에 가둘 것입니다. 나는 수년 째 죄수들을 로마로 이송하는 일을 했습니다. 하지만 로마 시민인 죄수를 호송하는 경우는 아주 드물지요. 로마 시민인 죄수들은 모두가 점잖았습니다. 선생도 그러리라 믿습니다."

"이분은 당신이 본 중에 가장 신사적인 사람일 겁니다." 세군도가 말했다.

"이분은 많은 사람들에게 사랑을 받는 분이기도 합니다." 드로비모가 덧붙였다.

"이분이 의사와 보디가드까지 대동하도록 허락받은 것도 이 때문이지요."

순간, 모두들 드로비모를 쳐다보았다. 그때까지 그 누구도 아리스다고를 보디가드라고 생각하지 않았기 때문이다.

"우리의 신에게 기도하려는데, 함께하시겠소?"

바울이 무릎을 꿇으면서 물었다. 율리오는 바울의 말에 뒤로 물러났다. 그리고 바울을 둘러싸고 있는 모든 형제들이 무릎을 꿇는 것을 보자 한발 더 물러났다. 율리오는 무릎을 꿇지 않았으나 주의 깊게 그들을 지켜보았다. 감동적인 순간이었다. 앞으로 율리오는 다소의 바울과 가까운 친구가 될 것이다. 사실, 두 번째 배에서 여정을 지휘하는 사람이 율리오가 아니라 바울이 되는 순간이 찾아올 것이다.

가이사랴의 항구에서부터, 바울은 배에 탄 그 누구에게서도 무례한 말을 듣지 않았다.

기도가 끝난 후, 아리스다고가 율리오를 향해 말했다.

"부대의 명칭이 정확히 뭡니까?"

"아우구스투스의 보병대입니다. 황제의 호위대라고도 하지요. 나는 열다섯 명의 부하를 데리고 다닙니다. 배를 찾아 죄수들을 안전하게 로마로 이송하는 게 제 임무입니다. 죄수들 대부분은 로마에 도착한 지 얼마 안 되어 죽게 될 겁니다."

율리오는 배 쪽으로 향했다.

"우리는 해안선을 따라 항해할 겁니다. 우리가 탈 배는 앗소의 동쪽에 있는 아드라뭇데노에서 출발한 것입니다. 이 배가 목적지에 이르면, 우리는 로마로 향하는 다른 배를 찾아봐야 합니다. 아마 10월 말쯤이면 로마에 도착하게 될 겁니다."

"에테시안 폭풍이 불기 시작하는 시기와 매우 가깝군요." 바울이 음울한 목소리로 말했다.

"에테시안은 피할 수 있을 겁니다." 율리오가 대답했다.

"이제 출발해야 할 시간입니다. 원한다면, 바울 선생과 함께 잠시 배에 오르셔도 좋습니다."

모두 배다리를 건넜다. 마지막 포옹이 오갔고 모두 눈물을 흘렸다. 잠시 후, 배는 가벼운 서풍을 받으며 움직이기 시작했다. 형제들은 서둘러 배에서 내리고 마지막으로 격려의 말을 전했다.

잠시 후, 배는 북동쪽으로 기수를 돌렸다. 다음 정박지는 100킬로미터 가량 떨어진 시돈이었다.

시돈에서 일어난 일 때문에 율리오는 바울을 확실히 존경하게 되었다.

가이사랴 ⓒ 이강근

31
험난한 항해의 시작

배가 시돈에 가까워졌을 때, 백여 명의 신자들이 바울을 맞으려고 항구에서 기다리고 있었는데, 이들의 찬양이 가을 산들바람에 퍼져나갔다. 많은 신자들이 종려나무 가지를 흔들고 있었다. 이것은 유대인들이 존경하는 사람을 맞을 때 하는 전통적인 인사법이었다.

배가 시돈에 머문 시간은 매우 짧았다. 아리스다고가 다시 배에 탈 때 그는 신자들이 싸주는 음식을 감당도 할 수 없을 만큼 잔뜩 들고 배에 올라야 했다.

배는 해안선을 따라 항해를 계속하다가 다소 산맥에 접근했다. 바울은 사랑하는 자기 고향을 마지막으로 바라보았다.

이후 보름 동안, 배는 정박하지 않았다. 배가 앗달리아만을 지날 때, 바울은 해변에서 눈을 떼지 못했다. 누가는 그곳이 바울이 처음 갈라디아를 향해 출항했던 곳임을 깨닫자 바울과 바나바가 앗달리아 항에 도착했을 때의 일을 꼬치꼬치 캐물었다.

배의 다음 정박지는 무라였다.

"여긴 겨울을 날 데가 못 돼. 수심이 너무 얕아." 율리오가 혼자 중얼거렸다.

잠시 후, 그는 좋은 소식을 받았다. 로마로 향하는 애굽의 곡물 운반선이 앞바다에 정박해 있다는 것이었다.

율리오가 곡물 운반선에 오르자 선장과 선주가 배의 통솔권을 그에게 넘겼다. 율리오는 이번 항해와 관련해서 모든 것에 대해 최종 결정을 내릴 것이다.

바울과 누가와 아리스다고와 죄수들이 배에 오를 때쯤, 배에는 모두 278명이 타고 있었다. 바울은 천 명이 탈 수 있는 배에 대해서도 들은 적이 있지만 278명의 승객에다 밀까지 가득 실은 배를 실제로 타 본 것은 처음이었다.

죄수들은 화물칸에 갇혔다. 그러나 바울과 두 명의 동행자는 갑판을 돌아다닐 수 있었다.

율리오가 바울에게 다가왔다.

"로도를 지나 헬라의 남쪽 끝으로 갈 겁니다. 앞으로 열흘에서 보름 내에 이탈리아의 브룬디시움에 도착해야 합니다. 거기서 이탈리아 서해안을 따라 위쪽으로 항해할 겁니다. 로마에는 항구가 둘 있습니다. 오스티아와 아우구스티입니다. 배가 어느 항구에 정박할지는 항해사가 결정할 겁니다."

거대한 곡물 운반선이 무라를 떠난 것은 9월 16일이었다. 바람은 그렇게 좋지 않았으며, 그래서 배는 천천히 움직였다.

배는 소아시아의 해안을 따라 거의 정서쪽으로 항해한 끝에 니도에 가까워졌다. (몇 킬로미터만 더 가면 한쪽에는 에베소를 다른 쪽에는 고린도를 끼고 있는 에게해 입구에 들어서도록 되어 있었다.)

"니도에서 그레데의 남쪽 해안을 따라 가다가 대해로 나가 시실리의 남쪽에 이르게 될 것입니다." 선장이 일행에게 설명했다.

니도를 빠져나가 파도치는 바다로 들어서는 순간, 거센 바람을 만나 바람의 방향이 바뀌었다. 갑자기 배는 그레데의 남쪽으로 밀려가고 있었다. 배들이 지중해를 항해하는 마지막 시즌이 끝나가고 있었던 것이다.

그레데 섬의 남쪽 중간쯤에 미항(Fair Havens)이라는 곳이 있었다.

"여기서는 겨울을 날 수 없습니다. 여기서 겨울을 나려면 겨울 내내 앞바다에 닻을 내리고 있어야 합니다." 선장이 말했다.

"강한 바람 때문에 배가 해안으로 밀려갈 겁니다."

"내 생각도 같습니다." 율리오가 말했다.

"우리가 여기 머문다면 겨울 내내 배에서 보내야 할 겁니다. 그렇게 되면 모두가 미쳐버리고 말 겁니다. 게다가 죄수들은 폭동을 일으키고 말 겁니다. 방법은 하나뿐입니다. 그레데의 서쪽 끝으로 가는 것입니다. 그곳에 뵈닉스라는 아주 좋은 항구가 있습니다. 여기서 겨우 65킬로미터밖에 안 됩니다. 거기서 겨울을 날 수 있을 겁니다."

"아뇨. 여기 미항에서 겨울을 나야 합니다. 승객들은 작은 배를 이용해 뭍으로 옮기면 됩니다. 더 이상 항해를 해서는 안 됩니다!" 바울이 강한 어조로 말했다.

"왜 안 됩니까?" 율리오가 놀란 표정으로 물었다.

누가와 아리스다고도 놀랐다. 두 사람은 물론 다른 어느 누구도 바울이 이처럼 단호한 태도를 취하는 것을 본 적이 없었다.

바울은 마치 앞날을 예감하듯이 한 손을 들었다. 그의 목소리는 무거웠으며, 그의 얼굴은 일그러지고 창백했다.

"에테시안입니다. 폭풍이 몰려오고 있습니다. 아주 가까이 왔습니다. 에테시안이 불 때는 절대로 항해를 해서는 안 됩니다."

"그러나 에테시안이 불려면 며칠 더 있어야 합니다." 선장이 말했다.

"아뇨, 내일 불어 닥칠 겁니다. 에테시안이 불어 닥치면 모든 것을 삼켜버릴 것입니다. 그러니 에테시안이 불 때는 절대로 항해를 해서는 안 됩니다."

"겨우 65킬로미터입니다."

죄수가 나서서 설치는 데 화가 난 선주가 투덜거렸다.

바울의 목소리가 낮아졌다.

여러분, 내 생각에는 이번 항해로 하물과 배가 큰 피해를 입을 뿐만 아니라 우리의 생명까지도 위험할 것 같습니다.

최종 결정을 내린 것은 율리오였다. 이것이 그가 바울의 조언을 무시하고 내린 마지막 결정이었을 것이다. 배는 얕은 항구를 빠져나와 그레데의 서쪽 끝을 향해 달렸다.

그러나 배는 고작 65킬로미터 떨어진 다음 항구에 이르지 못할 것이다. 배는 그 해 겨울에도 이르지 못할 것이다. 그 배의 승객들이 다음 항구에 이르기도 전에 봄이 먼저 올 것이다!

로마로의 항해

에필로그

나, 브리스길라는 여기서 이야기를 끝내야겠다. 내가 지금까지 한 이야기 속의 사건들이 오래 전에 일어났었다는 것을 기억해주기 바란다. 지금 이 글을 쓰고 있는 나는 꽤 늙었다. 바울이 배를 타고 로마로 향한 것도 오래 전의 일이다.

내가 이야기를 마무리하는 지금, 그들 모두 이 세상 사람이 아니다. 열둘 가운데 열하나가 참혹하게 죽었다. 바울이 에베소에서 훈련시킨 아홉 가운데 지금까지 살아 있는 사람은 가이오 한 명뿐이다.

마가 요한은 애굽의 알렉산드리아에서 야생마에 묶여 사지가 찢어지면서도 주님을 부인하길 거부했다.

바울의 전도 여행에 관한 누가의 이야기는 당신도 읽어보았을 것이다. 읽는 중에 누가의 이야기가 갑자기 끝난다는 것도 눈치 챘을 것이다. 그럴 만한 이유가 있다. 누가가 글을 쓰려고 펜을 들고 있을 때, 로마 군인들이 그가 숨어 있는 곳에 갑자기 들이닥쳐서 그를 끌고 가서 옥에 가두었으며, 그도 마침내 그곳에서 죽음을 맞았다.

최근에 나는 가장 사랑하는 남편 아굴라를 잃었다. 네로가 미치광이

로 변한 후, 우리는 로마를 탈출하여 에베소로 돌아갔다. 그러나 그곳도 안전하지 못했고 남편은 그곳에서 붙잡혀 죽었다.

이제 그 당시의 사람은 둘밖에 남지 않았다. 밧모 섬에 유배되어 있는 요한과 죽을 고비 때마다 목숨을 건진 가이오뿐이다.

바울이 로마에 도착한 후 네로는 로마의 모든 그리스도인들을 죽이려고 기괴한 행동을 했고, 예루살렘이 멸망했다.

이 이야기 속의 주인공들이었던 사람들은 이제 모두 늙었고, 곧 역사의 무대에서 사라질 것이다.

끝으로 이 글을 읽고 있는 그리스도 안의 사랑하는 형제인 당신에게 당부한다. 이 모든 용감한 사람들만큼이나 당신도 당신의 주님께 충성하길 바란다.

사명선언문

너희가 흠이 없고 순전하여……세상에서 그들 가운데 빛들로
나타내며 생명의 말씀을 밝혀 _ 빌 2:15-16

1. 생명을 담겠습니다
만드는 책에 주님 주신 생명을 담겠습니다.
그 책으로 복음을 선포하겠습니다.

2. 말씀을 밝히겠습니다
생명의 근본은 말씀입니다.
말씀을 밝혀 성도와 교회의 성장을 돕겠습니다.

3. 빛이 되겠습니다
시대와 영혼의 어두움을 밝혀 주님 앞으로 이끄는
빛이 되는 책을 만들겠습니다.

4. 순전히 행하겠습니다
책을 만들고 전하는 일과 경영하는 일에 부끄러움이 없는
정직함으로 행하겠습니다.

5. 끝까지 전파하겠습니다
모든 사람에게, 땅 끝까지, 주님 오시는 그날까지
복음을 전하는 사명을 다하겠습니다.

서점 안내

광화문점	서울시 종로구 새문안로 69 구세군회관 1층 02)737-2288 / 02)737-4623(F)
강남점	서울시 서초구 신반포로 177 반포쇼핑타운 3동 2층 02)595-1211 / 02)595-3549(F)
구로점	서울시 동작구 시흥대로 602, 3층 302호 02)858-8744 / 02)838-0653(F)
노원점	서울시 노원구 동일로 1366 삼봉빌딩 지하 1층 02)938-7979 / 02)3391-6169(F)
일산점	경기도 고양시 일산서구 중앙로 1391 레이크타운 지하 1층 031)916-8787 / 031)916-8788(F)
의정부점	경기도 의정부시 청사로47번길 12 성산타워 3층 031)845-0600 / 031)852-6930(F)
인터넷서점	www.lifebook.co.kr